LE DÉPIT AMOVREVX,

COMEDIE.

Repreſentée ſur le Theatre du Palais Royal.

DE I. B. P. MOLIERE.

A PARIS,
Chez GABRIEL QVINET, au Palais, dans la Galerie des Priſonniers, à l'Ange Gardien.

M. DC. LXIII.
Auec Priuilege du Roy.

A MONSIEVR MONSIEVR HOVRLIER, ESCVYER SIEVR DE Mericourt, Conſeiller du Roy, Lieutenant General Ciuil & Criminel au Baillage du Palais à Paris.

*ONSIEVR,*

Si cette Piece, n'auoit receu les applaudiſſemens de toute la France, ſi elle n'auoit eſté le charme de Paris, & ſi elle n'auoit eſté le diuertiſſement du plus grand Monarque de la Ter-

re, ie ne prendrois pas la liberté de vous l'offrir. Il y a long-temps que i'auois resolu de vous presenter quelque chose qui vous marquast mes respects; Mais ne trouuant rien qui fust digne de vous estre offert, & qui fust proportionné à vos merites, i'auois tousiours differé le iuste & respectueux hommage que ie m'étois proposé de vous rendre; & i'eusse peut-estre encore tardé long-temps à le faire, si le DEPIT AMOVREVX de l'Autheur le plus approuué de ce siecle ne me fust tombé entre les mains. I'ay crû, Monsieur, que ie ne deuois pas laisser échapper cette occasion de satisfaire aux loix que ie m'étois imposées, & que tous les gens d'esprit demandans tous les iours cette piece, pour auoir le plaisir de la lecture, comme ils ont eu celuy de la representation, ils seroient bien aises de rencontrer vôtre nom à la teste. Pour moy, Monsieur, ma ioye sera tout à fait grande de le voir passer, non seulement dans plusieurs mains, mais encor dans la bouche des plus charmantes personnes du monde; c'est alors que chacun se souuiendra de toutes les belles & auantageuses qualitez que vous possedez, que les vns loüeront vostre Prudence, les autres vostre esprit, les autres vostre Iustice, les autres la douceur qui

qui est inseparable de tout ce que vous faites, & qui est si viuement dépeinte sur vostre visage, qu'il n'est personne qui puisse douter que vos actions n'en soient remplies. Iugez, Monsieur, quelle satisfaction i'auray de sçauoir que l'on rendra à vostre merite ce qui luy est deu, que l'on vous donnera des loüanges que vous auez si legitimement meritées, que l'on m'estimera d'auoir fait vn si iuste choix, & si glorieux pour moy, & que l'on loüera le Zele & le respect auec lequel ie suis,

MONSIEVR,

Vostre tres-humble, & tres-obeïssant seruiteur,
G. QVINET.

LES PERSONNAGES.

ERASTE,	Amant de Lucile.
ALBERT,	Pere de Lucile.
GROS-RENE',	Valet d'Erafte.
VALERE,	Fils de Polidore.
LVCILE,	Fille d'Albert.
MARINETTE,	Suiuante de Lucile.
POLIDORE,	Pere de Valere.
FROSINE,	Confidente d'Afcagne.
ASCAGNE,	Fille fous l'habit d'homme.
MASCARILLE,	Valet de Valere.
METAPHRASTE,	Pedant.
LA RAPIERE,	Breteur.

DEPIT AMOVREVX.

COMEDIE.

ACTE PREMIER.

SCENE PREMIERE.

ERASTE, GROS-RENE'.

ERASTE.

VEvx-tu que ie te die ? vne atteinte secrette
Ne laisse point mon ame en vne bonne assiette :
Ouy, quoy qu'à mon amour tu puisse repartir,
Il craint d'estre la dupe ; à ne t'en point mentir :
Qu'en faueur d'vn riual ta foy ne se corrompe,
Ou du moins, qu'auec moy, toy-mesme on ne te trompe.

GROS-RENE'.

Pour moy, me soupçonner de quelque mauuais tour,
Ie diray, n'en déplaise à monsieur vostre amour,
Que c'est iniustement blesser ma prud'hommie
Et se connoistre mal en phisionomie.
Les gens de mon minois ne sont point accusez
D'estre, graces à Dieu, ny fourbes, ny rusez :
Cét honneur qu'on nous fait ie ne le démens gueres,
Et suis homme fort rond de toutes les manieres.
Pour que l'on me trompast, cela se pourroit bien,
Le doute est mieux fondé ; pourtant ie n'en croy rien.
Ie ne voy point encore, ou ie suis vne beste,
Sur quoy vous auez pû prendre martel en teste.
Lucile, à mon auis vous montre assez d'amour,
Elle vous voit, vous parle, à toute heure du jour,
Et Valere apres tout qui cause vostre crainte
Semble n'estre à present souffert que par contrainte.

ERASTE.

Souuent d'vn faux espoir vn amant est nourry,
Le mieux receu toûjours n'est pas le plus chery ;
Et tout ce que d'ardeur font paroistre les femmes
Parfois n'est qu'vn beau voile à couurir d'autres flames.
Valere enfin, pour estre vn amant rebuté,
Montre depuis vn temps trop de tranquilité ;
Et ce qu'à ces faueurs, dont tu crois l'apparence,
Il tesmoigne de joye ou bien d'indifference
M'empoisonne à tous coups leurs plus charmans appas,
Me donne ce chagrin que tu ne comprens pas ;
Tient mon bon-heur en doute, & me rend difficile
Vne entiere croyance aux propos de Lucile.
Ie voudrois, pour trouuer vn tel destin plus doux,
Y voir entrer vn peu de son transport jaloux,

Et sur ses déplaisirs & son impatience
Mon ame prendroit lors vne pleine assurance.
Toy-mesme, pense-tu, qu'on puisse, comme il fait,
Voir cherir vn riual d'vn esprit satisfait ?
Et si tu n'en crois rien, dy-moy, ie t'en coniure,
Si i'ay lieu de réver dessus cette auanture.

GROS-RENE'.

Peut-estre que son cœur a changé de desirs
Connoissant qu'il poussoit d'inutiles soûpirs.

ERASTE.

Lors que par les rebuts vne ame est detachée,
Elle veut fuir l'objet dont elle fut touchée,
Et ne rompt point sa chaisne auec si peu d'éclat,
Qu'elle puisse rester en vn paisible estat :
De ce qu'on a chery la fatale presence
Ne nous laisse jamais dedans l'indifference ;
Et, si de cette veuë on n'acroist son dédain,
Nôtre amour est bien prés de nous rentrer au sein.
Enfin, croy moy, si bien qu'on éteigne vne flame,
Vn peu de jalousie occupe encore vne ame,
Et l'on ne sçauroit voir, sans en estre piqué,
Posseder par vn autre vn cœur qu'on a manqué.

GROS-RENE'.

Pour moy ie ne sçay point tant de philosophie ;
Ce que voyent mes yeux, franchement ie m'y fie,
Et ne suis point de moy si mortel ennemy,
Que ie m'aille affliger sans sujet ny demy,
Pourquoy subtiliser & faire le capable
A chercher des raisons pour estre miserable ?
Sur des soupçons en l'air ie m'irois allarmer ?
Laissont venir la Feste auant que la chomer.
Le chagrin me paroit vne incommode chose ;
Ie n'en prens point pour moy, sans bonne & iuste cause ?

Et mesmes à mes yeux cent sujets d'en auoir
s'offrent le plus souuent que ie ne veux pas voir,
Auec vous en amour ie cours mesme fortune ;
Celle que vous aurez me doit estre commune ;
La maistresse ne peut abuser vôtre foy,
A moins que la suiuante en fasse autant pour moy :
Mais i'en fuis la pensée auec vn soin extréme.
Ie veux croire les gens quand on me dit ie t'ayme ;
Et ne vais point chercher, pour m'estimer heureux,
Si Mascarille ou non, s'arrache les cheueux.
Que tantost Marinette endure qu'à son aise
Iodelet par plaisir la caresse & la baisse,
Et que ce beau riual en rie ainsi qu'vn foû,
A son exemple aussi i'en riray tout mon saoû ;
Et l'on verra qui rit auec meilleure grace.

ERASTE.

Voila de tes discours.

GROS-RENE'.

Mais ie la voy qui passe.

SCENE II.

MARINETTE, ERASTE GROS-RENE'.

GROS-RENE'.

ST, Marinette.

MARINETTE.

Ho, ho. Que fais-tu là ?

GROS-RENE.

Ma foy,
Demande, nous estions tout à l'heure sur toy.

MARINETTE.

Vous estes aussi là ! Monsieur ; depuis vne heure
Vous m'auez fait trotter comme vn Basque, ie meure.

ERASTE.

Comment !

MARINETTE.

Pour vous chercher i'ay fait dix mille pas,
Et vous promets, ma foy....

ERASTE.

Quoy ?

MARINETTE.

Que vous n'estes pas
Au temple, au cours, chez vous, ny dans la grande place.

GROS-RENE'.

Il falloit en iurer.

ERASTE.

Apprens-moy donc de grace
Qui te fait me chercher.

MARINETTE.

Quelqu'vn en verité,
Qui pour vous n'a pas trop mauuaise volonté.
Ma maistresse en vn mot.

ERASTE.

Ha ! chere Marinette,
Ton discours de ton cœur est-il bien l'interprete?
Ne me déguise point vn mystere fatal,
Ie ne t'en voudray pas pour cela plus de mal :
Au nom des Dieux, dy-moy si ta belle maistresse
N'abuse point mes vœux d'vne fausse tendresse.

MARINETTE.

Hé, hé, d'où vous vient donc ce plaisant mouuement ?
Elle ne fait pas voir assez son sentiment ?
Quel garant est ce encore que vôtre amour demãde?
Que luy faut-il ?

GROS-RENE'.

A moins que Valere se pende,
Bagatelle ; son cœur ne s'asseurera point.

MARINETTE.

Comment !

GROS-RENE'.

Il est jaloux iusques en vn tel point.

MARINETTE.

De Valere ? Ha ! vrayment la pensée est bien belle !
Elle peut seulement naistre en vôtre ceruelle !
Ie vous croyois du sens, & iusqu'à ce moment ;
I'auois de vôtre esprit quelque bon sentiment,
Mais, à ce que ie voy, ie m'estois fort trompée.
Ta teste de ce mal est-elle aussi frappée ?

GROS-RENE'.

Moy jaloux ? Dieu m'en garde, & d'estre assez badin
Pous m'aller emmaigrir auec vn tel chagrin ;
Outre que de ton cœur ta foy me cautionne,
L'opinion que i'ay de moy-mesme est trop bonne
Pour croire auprés de moy que quelqu'autre te plut,
Où diantre pourrois-tu trouuer qui me valust ?

MARINETTE.

En effet, tu dis bien, voila comme il faut estre,
Iamais de ces soupçons qu'vn jaloux fait paroistre ;
Tout le fruit qu'on en cueille est de se mettre mal,
Et d'auancer par là les desseins d'vn riual :
Au merite souuent de qui l'éclat vous blesse,

Vos

Vos chagrins font ouurir les yeux d'vne maistresse,
Et i'en sçay tel qui doit son destin le plus doux
Aux soins trop inquiets de son riual jaloux.
Enfin quoy qu'il en soit, témoigner de l'ombrage
C'est joüer en amour vn mauuais personnage,
Et se rendre apres tout miserable à credit :
Cela, Seigneur Eraste, en passant vous soit dit.

ERASTE.

Hé-bien, n'en parlons plus, que venois-tu m'appren-
prendre ?

MARINETTE.

Vous meriteriez bien que l'on vous fist attendre :
Qu'afin de vous punir ie vous tinsse caché,
Le grand secret pourquoy ie vous ay tant cherché.
Tenez, voyez ce mot, & sortez hors de doute.
Lisez-le donc tout haut ; personne icy n'écoute.

ERASTE *lit.*

Vous m'auez dit que vôtre amour
Estoit capable de tout faire;
Il se couronnera luy-mesme dans ce iour,
S'il peut auoir l'aueu d'vn pere.
Faites parler les droits qu'on a dessus mon cœur,
Ie vous en donne la licence :
Et si c'est en vostre faueur,
Ie vous répons de mon obeïssance.

Ha ! quel bon-heur ! ô, toy, qui me l'as apporté
Ie te dois regarder comme vne Deïté.

GROS-RENE'.

Ie vous le disois bien contre vôtre croyance,
Ie ne me trompe guere aux choses que ie pense.

ERASTE *lit.*

Faites parler les droits qu'on a dessus mon cœur ;
Ie vous en donne la licence :

Et, ſi c'eſt en vôtre faueur,
Ie vous répons de mon obeïſſance.

MARINETTE.

Si ie luy rapportois vos foibleſſes d'eſprit,
Elle deſauoüeroit bien-toſt vn tel écrit.

ERASTE.

Ha ! cache-luy de grace, vne peur paſſagere
Où mon ame a crû voir quelque peu de lumiere ;
Ou, ſi tu la luy dîs, adjoute que ma mort
Eſt preſte d'expier l'erreur de ce tranſport ;
Que ie vais à ſes pieds, ſi i'ay pû luy déplaire,
Sacrifier ma vie à ſa iuſte colere.

MARINETTE.

Ne parlons point de mort, ce n'en eſt pas le temps.

ERASTE.

Au reſte, ie te doy beaucoup, & ie pretens
Reconnoiſtre dans peu de la bonne maniere
Les ſoins d'vne ſi noble & ſi belle courriere.

MARINETTE.

A propos ; ſçauez-vous où ie vous ay cherché
Tantoſt encore ?

ERASTE.

He bien ?

MARINETTE.

Tout proche du marché,
Où vous ſçauez.

ERASTE.

Où donc ?

MARINETTE.

Là, dans cette boutique
Où dés le mois paſſé voſtre cœur magnifique
Me promit, de ſa grace, vne bague.

ERASTE.

Ha ! i'entends.

GROS-RENE'.

La Matoiſe !

ERASTE.

Il eſt vray, i'ay tardé trop long-temps
A m'acquitter vers toy d'vne telle promeſſe :
Mais....

MARINETTE.

Ce que i'en ay dit, n'eſt pas que ie vous preſſe.

GROS-RENE'.

Ho ! que non !

ERASTE.

Celle-cy peut-eſtre aura dequoy
Te plairre. Accepte-là pour celle que ie doy.

MARINETTE.

Monſieur, vous vous mocquez, i'aurois honte à la
prendre.

GROS-RENE'.

Pauure honteuſe, pren, ſans dauantage attendre.
Refuſer ce qu'on donne, eſt bon à faire aux foux,

MARINETTE.

Ce ſera pour garder quelque choſe de vous.

ERASTE.

Quand puis-je rendre grace à cet ange adorable.

MARINETTE.

Trauaillez à vous rendre vn pere fauorable.

ERASTE.

Mais s'il me rebutoit, dois-je...

MARINETTE.

A lors comme à lors,
Pour vous on employra toutes ſortes d'efforts,
D'vne façon ou d'autre il faut qu'elle ſoit voſtre;
Faites voſtre pouuoir, & nous ferons le noſtre.

ERASTE.

Adieu, nous en ſçaurons le ſuccés dans ce iour.

MARINETTE.

Et nous, que dirons-nous aussi de nostre amour ?
Tu ne m'en parles point.

GROS-RENE'.

Vn hymen qu'on souhaite
Entre gens comme nous est chose bien-tost faite.
Ie te veux. Me veux-tu de mesme ?

MARINETTE.

Auec plaisir.

GROS-RENE'.

Touche, il suffit.

MARINETTE.

Adieu Gros-René, mon desir.

GROS-RENE'.

Adieu, mon Astre.

MARINETTE.

Adieu, beau tison de ma flame.

GROS-RENE'.

Adieu, chere comete, arc-en-Ciel de mon ame.
Le bon Dieu soit loüé, nos affaires vont bien,
Albert n'est pas vn homme à vous refuser rien.

ERASTE.

Valere vient à nous.

GROS-RENE'.

Ie plains le pauure hére,
Sçachant ce qui se passe.

SCENE III.

ERASTE, VALERE, GROS-RENÉ.

ERASTE.

HÉ-bien? Seigneur Valere.

VALERE.

Hé-bien? Seigneur Eraste.

ERASTE.

En quel état l'amour?

VALERE.

En quel état vos feux?

ERASTE.

Plus forts de iour en iour.

VALERE.

Et mon amour plus fort.

ERASTE.

Pour Lucile?

VALERE.

Pour elle.

ERASTE.

Certes ie l'auoüeray, vous estes le modele
D'vne rare constance.

VALERE.

Et vôtre fermeté
Doit estre vn rare exemple à la posterité.

ERASTE.

Pour moy ie suis peu fait à cét amour austere,

Qui dans les ſeuls regards treuue à ſe ſatisfaire.
Et ie ne forme point d'aſſez beaux ſentimens,
Pour ſouffrir conſtamment les mauuais traittemens
Enfin, quand i'ayme bien, i'ayme fort que l'on m'ayme.

VALERE.

Il eſt tres-naturel, & i'en ſuis bien de meſme:
Le plus parfait objet dont ie ſerois charmé
N'auroit pas mes tributs, n'en eſtant point aymé.

ERASTE.

Lucile cependant......

VALERE.

Lucile dans ſon ame
Rend tout ce que je veux qu'elle rende à ma flame.

ERASTE.

Vous eſtes donc facile à contenter.

VALERE.

Pas tant
Que vous pourriez penſer.

ERASTE.

Ie puis croire pourtant,
Sans trop de vanité, que je ſuis en ſa grace.

VALERE.

Moy, ie ſçay que i'y tiens vne aſſez bonne place.

ERASTE.

Ne vous abuſez point; croyez moy.

VALERE.

Croyez moy,
Ne laiſſez point duper vos yeux à trop de foy.

ERASTE.

Si i'oſois vous monſtrer vne preuue aſſeurée
Que ſon cœur... non; voſtre ame en ſeroit alterée.

VALERE.

Si ie vous oſois moy deſcouurir en ſecret.....

Mais, ie vous facherois, & veux estre discret.

ERASTE.

Vrayment, vous me poussez ; & contre mon enuie
Vostre presomption veut que ie l'humilie.
Lisez.

VALERE.

Ces mots sont doux.

ERASTE.

Vous connoissez la main?

VALERE.

Ouy, de Lucile.

ERASTE.

Hé-bien ? cét espoir si certain....

VALERE *riant*.

Adieu, Seigneur Eraste.

GROS-RENE'.

Il est foû le bon Sire
Où vient-il donc, pour luy de voir le mot pour rire?

ERASTE.

Certes, il me surprend, & i'ignore, entre nous,
Quel diable de mystere est caché là-dessous.

GROS-RENE'.

Son valet vient, ie pense.

ERASTE.

Ouy, ie le voy paroistre.
Feignons, pous le jetter sur l'amour de son maistre.

SCENE IV.

MASCARILLE, ERASTE, GROS-RENE'.

MASCARILLE.

NOn, ie ne trouue point d'état plus mal-heureux,
Que d'auoir vn patron jeune & fort amoureux.

GROS-RENE'.

Bon iour.

MASCARILLE.

Bon iour.

GROS-RENE'.

Où tend Mascarille à cette heure?
Que fait-il ? reuient-il ? va-t'il ? ou s'il demeure ?

MASCARILLE.

Non, ie ne reuiens pas ; car ie n'ay pas esté ;
Ie ne vais pas aussi ; car ie suis arresté :
Et ne demeure point ; car tout de ce pas mesme,
Ie pretens m'en aller.

ERASTE.

La rigueur est extreme :
Doucement, Mascarille.

MASCARILLE.

Ha ! monsieur, Seruiteur.

ERASTE.

Vous nous fuyez bien viste ? hé quoy ! vous fay-ie peur ?

MASCARILLE.

Ie ne croy pas cela de vostre courtoisie.

ERASTE.

Touche : nous n'auons plus sujet de jalousie ;
Nous deuenons amis, & mes feux que i'éteins
Laissent la place libre à vos heureux desseins.

MASCARILLE.

Pleust à Dieu !

ERASTE.

Gros-René sçait qu'ailleurs ie me jette.

GROS-RENE'.

Sans doute : & ie te cede aussi la Marinette.

MASCARILLE.

Passons sur ce point là ; nôtre riualité
N'est pas pour en venir à grande extremité :
Mais, est-ce vn coup bien seur que vôtre Seigneurie
Soit des-énamourée, ou si c'est raillerie ?

ERASTE.

I'ay sçû qu'en ses amours ton maistre estoit trop bien ;
Et ie serois vn foû de pretendre plus rien
Aux estroittes faueurs qu'il a de cette belle.

MASCARILLE.

Certes, vous me plaisez auec cette nouuelle ;
Outre qu'en nos projets ie vous craignois vn peu,
Vous tirez sagement vôtre épingle du jeu.
Ouy, vous auez bien fait de quitter vne place,
Où l'on vous caressoit pour la seule grimace ;
Et mille fois, sçachant tout ce qui se passoit,
I'ay plaint le faux espoir dont on vous repaissoit.
On offense vn braue homme alors que l'on l'abuse.
Mais, d'où, diantre, apres tout, auez-vous sçû la ruse :
Car cét engagement mutuel de leur foy

N'eut, pour témoins, la nuit, que deux autres & moy ;
Et l'on croit jusqu'icy la chaine fort secrette
Qui rend de nos amans la flame satisfaite.

ERASTE.

Hé ! que dis-tu ?

MASCARILLE.

Ie dis que ie suis interdit :
Et ne sçay pas, Monsieur, qui peut vous auoir dit,
Que, sous ce faut semblant qui trompe tout le monde,
En vous trompant aussi, leur ardeur sans seconde
D'vn secret mariage a serré le lien.

ERASTE.

Vous en auez menty.

MASCARILLE.

Monsieur, ie le veux bien,

ERASTE.

Vous estes vn coquin.

MASCARILLE.

D'aco.

ERASTE.

Et cette audace
Meriteroit cent coups de baston sur la place.

MASCARILLE.

Vous auez tout pouuoir.

ERASTE.

Ha ! Gros-René.

GROS-RENE'.

Monsieur.

ERASTE.

Ie démens vn discours dont ie n'ay que trop peur.
Tu penses fuyr ? *à Mascarille.*

MASCARILLE.

Nenny.

ERASTE.

Quoy ! Lucile est la femme.....

MASCARILLE.

Non, Monsieur, ie raillois.

ERASTE.

Ha ! vous raillez ! infame.

MASCARILLE.

Non, ie ne raillois point.

ERASTE.

Il est donc vray ?

MASCARILLE..

Non pas,
Ie ne dis pas cela.

ERASTE.

Que dis-tu donc !

MASCARILLE.

Helas !
Ie ne dy rien de peur de mal parler.

ERASTE.

Asseure,
Ou si c'est chose vraye, ou si c'est imposture.

MASCARILLE.

C'est ce qu'il vous plaira : ie ne suis pas icy
Pour vous rien contester.

ERASTE.

Veux-tu dire ? voicy,
Sans marchander, dequoy te delier la langue.

MASCARILLE.

Elle ira faire encore quelque sotte harangue.
Hé, de grace, plutost, si vous le trouuez bon,
Donnez-moy vistement quelques coups de baston,
Et me laissez tirer mes chausses sans murmure.

ERASTE.

Tu mourras, ou ie veux que la verité pure
S'exprime par ta bouche.

MASCARILLE.

Helas! ie la diray :
Mais, peut-estre, Monsieur, que ie vous fascheray.

ERASTE.

Parle : mais prend bien garde à ce que tu vas faire ;
A ma iuste fureur rien ne te peut soustraire,
Si tu mens d'vn seul mot en ce que tu diras.

MASCARILLE.

I'y consens, rompez-moy les jambes & les bras ;
Faites-moy pis encore, tuez-moy si i'impose
En tout ce que i'ay dit icy la moindre chose.

ERASTE.

Ce mariage est vray ?

MASCARILLE.

Ma langue, en cét endroit,
A fait vn pas de Clerc dont elle s'apperçoit :
Mais, enfin, cét affaire est comme vous la dites ;
Et c'est apres cinq jours de nocturnes visites,
Tandis que vous seruiez à mieux couurir leur jeu,
Que depuis auanthier ils sont joints de ce nœu ;
Et Lucile depuis fait encor moins paroistre
La violente amour qu'elle porte à mon maistre,
Et veut absolument que tout ce qu'il verra,
Et qu'en vôtre faueur son cœur témoignera,
Il l'imputé à l'effet d'vne haute prudence,
Qui veut de leurs secrets oster la connoissance.

Si,

Si, malgré mes sermens, vous doutez de ma foy,
Gros-René peut venir vne nuit auec moy ;
Et ie luy feray voir estant en sentinelle
Que nous auons dans l'ombre vn libre accez chez
elle.

ERASTE.

Oste-toy de mes yeux, maraut.

MASCARILLE.

Et de grand cœur ;
C'est ce que ie demande.

ERASTE.

Hé-bien !

GROS-RENE'.

Hé-bien ! Monsieur :
Nous en tenons tous deux, si l'autre est veritable.

ERASTE.

Las ! il ne l'est que trop, le bourreau detestable,
Ie voy trop d'apparence à tout ce qu'il a dit :
Et ce qu'a fait Valere en voyant cét écrit,
Marque bien leur concert, & que c'est vne baye
Qui sert sans doute aux feux dont l'ingrate le paye.

SCENE V.

MARINETTE, GROS-RENE', ERASTE.

MARINETTE.

IE viens vous auertir que tantost sur le soir
Ma maistresse au jardin vous permet de la voir.

ERASTE.

Oses-tu me parler, ame double, & traistresse ?
Va, sors de ma presence, & dis à ta maistresse;
Qu'auec ses écrits elle me laisse en paix,
Et que voila l'état, infame, que i'en fais.

MARINETTE.

Gros-René, dy-moy donc, quelle mouche le pique.

GROS-RENE'.

M'oses-tu bien encor parler ? femelle inique ?
Crocodille trompeur, de qui le cœur felon
Est pire qu'vn Satrape, ou bien qu'vn L'estrigon.
Va, va, rendre réponse à ta bonne maistresse,
Et luy dy bien & beau que, malgré sa souplesse,
Nous ne sommes pas sots, ny mon maistre, ny moy,
Et desormais qu'elle aille au Diable auec toy.

MARINETTE.

Ma pauure Marinette, es-tu bien éueillée ?
De quel démon est donc leur ame trauaillée ?
Quoy faire vn tel accueil à nos soins obligeans !
O ! que cecy chez nous va surprendre les gens !

Fin du premier Acte.

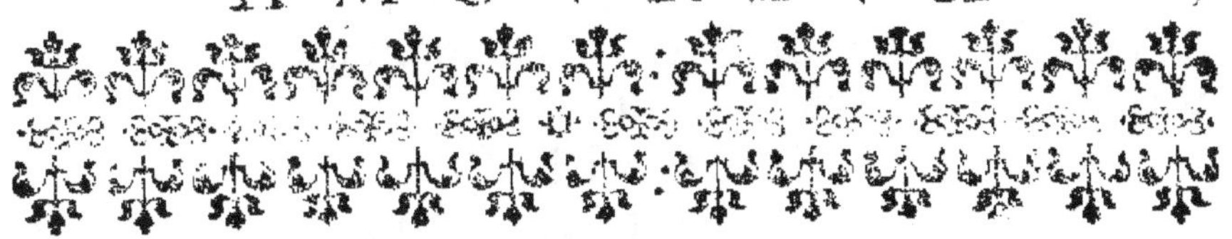

ACTE II.

SCENE PREMIERE.

ASCAGNE, FROSINE.

FROSINE.

Scagne, ie suis fille à secret, Dieu mercy.

ASCAGNE.

Mais pour vn tel discours, sommes-nous bien icy ?
Prenons garde qu'aucun ne nous vienne surprendre,
Ou que de quelque endroit on ne nous puisse entendre.

FROSINE.

Nous serions au logis beaucoup moins seurement :
Icy de tous costez on découure aisément,
Et nous pouuons parler auec toute asseurance,

ASCAGNE.

Helas ! que i'ay de peine à rompre mon silence !

FROSINE,

Oüay ! cecy doit donc estre vn important secret,

ASCAGNE.

Trop, puisque ie le fie à vous-mesme à regret,

Et que si ie pouuois le cacher dauantage,
Vous ne le sçauriez point.

FROSINE.

Ha ! c'est me faire outrage
Feindre à s'ouurir à moy ! dont vous auez connu
Dans tous vos interets l'esprit si retenu,
Moy nourrie auec vous ! & qui tiens sous silence
Des choses qui vous sont de si grande importance !
Qui sçais.....

ASCAGNE.

Ouy, vous sçauez la secrette raison
Qui cache aux yeux de tous mon sexe & ma maison:
Vous sçauez que dans celle où passa mon bas âge
Ie suis pour y pouuoir retenir l'heritage
Qui relaschoit ailleurs le jeune Ascagne mort,
Dont mon déguisement fait reuiure le sort,
Et c'est aussi pourquoy ma bouche se dispense
A vous ouurir mon cœur auec plus d'asseurance.
Mais, auant que passer, Frosine à ce discours,
Eclaircissez vn doute où ie tombe tousiours.
Se pourroit-il qu'Albert ne sçût rien du mystere
Qui masque ainsi mon sexe & l'a rendu mon pere?

FROSINE.

En bonne foy, ce poinct sur quoy vous me pressez,
Est vne affaire aussi qui m'embarasse assez :
Le fond de cette intrigue est pour moy lettre close ;
Et ma mere ne put m'éclaircir mieux la chose.
Quand il mourut ce fils l'objet de tant d'amour,
Au destin de qui mesme, auant qu'il vint au jour,
Le testament d'vn oncle abondant en richesses,
D'vn soin particulier auoit fait des largesses,
Et que sa mere fit vn secret de sa mort,
De son espoux absent redoutant le transport,
S'il voyoit chez vn autre aller tout l'heritage

Dont ſa maiſon tiroit vn ſi grand auantage,
Quand dis-je pour cacher vn tel éuenement,
La ſuppoſition fut de ſon ſentiment,
Et qu'on vous prit chez nous où vous eſtiez nourrie,
Vôtre mere d'accord de cette tromperie
Qui remplaçoit ce fils à ſa garde commis,
En faueur des preſens le ſecret fut promis.
Albert ne l'a point ſçû de nous ; & pour ſa femme,
L'ayant plus de douze ans conſerué dans ſon ame,
Comme le mal fut prompt dont on la vit mourir,
Son trépas impréueu ne put rien découurir.
Mais cependant, ie voy qu'il garde intelligence
Auec celle de qui vous tenez la naiſſance.
I'ay ſçû, qu'en ſecret meſme, il luy faiſoit du bien ;
Et peut-eſtre cela ne ſe fait pas pour rien.
D'autre part il vous veut porter au mariage ;
Et, comme il le pretend, c'eſt vn mauuais langage :
Ie ne ſçay s'il ſçauroit la ſuppoſition
Sans le déguiſement ; mais la digreſſion
Tout inſenſiblement pourroit trop loin s'étendre :
Reuenons au ſecret que ie brûle d'apprendre.

ASCAGNE.

Sçachez donc que l'amour ne ſçait point s'abuſer ;
Que mon ſexe à ſes yeux n'a pû ſe déguiſer,
Et que ſes traits ſubtils, ſous l'habit que ie porte,
Ont ſçû trouuer le cœur d'vne fille peu forte :
I'ayme enfin.

FROSINE.

Vous aymez ?

ASCAGNE.

Froſine, doucement ;
N'entrez pas tout à fait dedans l'étonnement :
Il n'eſt pas temps encore : & ce cœur qui ſoûpire
A bien pour vous ſurprendre autre choſe à vous dire.

FROSINE.

Et quoy ?

ASCAGNE.

I'ayme Valere.

FROSINE,

Ha ! vous auiez raison,
L'objet de vôtre amour, luy dont à la maison
Vôtre imposture enleue vn puissant heritage,
Et qui de vôtre sexe ayant le moindre ombrage,
Verroit incontinent ce bien luy retourner,
C'est encore vn plus grand sujet de s'étonner.

ASCAGNE

I'ay dequoy toutefois surprendre plus vôtre ame :
Ie suis sa femme.

FROSINE.

O Dieux ! sa femme !

ASCAGNE.

Ouy, sa femme.

FROSINE.

Ha ! certes celuy-là l'emporte, & vient à bout
De toute ma raison.

ASCAGNE.

Ce n'est pas encor tout.

FROSINE.

Encore !

ASCAGNE.

Ie la suis, dis-je sans qu'il le pense,
Ny qu'il ait de mon sort la moindre connoissance.

FROSINE.

Ho ! poussez ; ie le quitte, & ne raisonne plus,
Tant mes sens coup sur coup se treuuent confondus.
A ces Enigmes là ie ne puis rien comprendre.

ASCAGNE.

Ie vais vous l'expliquer, si vous voulez m'entendre.
Valere dans les fers de ma sœur arresté
Me sembloit vn amant digne d'estre écouté,
Et ie ne pouuois voir qu'on rebutast sa flame,
Sans qu'vn peu d'interest touchât pour luy mon ame.
Ie voulois que Lucile aymast son entretien,
Ie blâmois ses rigueurs, & les blâmay si bien,
Que moy-mesme i'entray, sans pouuoir m'en deffendre.
Dans tous les sentimens qu'elle ne pouuoit prendre.
C'estoit en luy parlant moy qu'il persuadoit,
Ie me laissois gagner aux soûpirs qu'il perdoit,
Et ses veux rejettez de l'objet qui l'enflame
Estoient, comme vainqueurs, receus dedans mon ame.
Ainsi mon cœur, Frosine, vn peu trop floible, helas!
Se rendit à des soins qu'on ne luy rendoit pas,
Par vn coup refleschy reçeut vne blessure,
Et paya pour vn autre auec beaucoup d'vsure.
Enfin, ma chere, enfin, l'amour que i'eus pour luy
Se voulut expliquer, mais sous le nom d'autruy:
Dans ma bouche, vne nuit, cét amant trop aymable
Crust rencontrer Lucile à ses vœux fauorable,
Et ie sçeus ménager si bien cét entretien,
Que du desguisement il ne reconnut rien.
Sous ce voile trompeur qui flatoit sa pensée,
Ie luy dis que pour luy mon ame estoit blessée;
Mais que voyant mon pere en d'autres sentimens,

Ie deuois vne feinte à ses commandemens;
Qu'ainsi de nôtre amour nous ferions vn mystere,
Dont la nuit seulement seroit depositaire,
Et qu'entre nous de iour, de peur de rien gâter,
Tout entretien secret se deuoit éuiter;
Qu'il me verroit alors la mesme indifference,
Qu'auant que nous eussions aucune intelligence,
Et que de son côté, de mesme que du mien,
Geste, parole, écrit, ne m'en dit iamais rien.
Enfin, sans m'arrester sur toute l'industrie
Dont i'ay conduit le fil de cette tromperie.
I'ay poussé iusqu'au bout vn projet si hardy,
Et me suis asseuré l'Epoux que ie vous dy.

FROSINE.

Peste ! les grans talens que vôtre esprit possede !
Diroit-on qu'elle y touche, auec sa mine froide ?
Cependant, vous auez esté bien viste icy;
Car ie veux que la chose ait d'abort reüssi,
Ne iugez-vous pas bien, à regarder l'issuë,
Qu'elle ne peut long-temps éuiter d'estre sçeuë,

ASCAGNE.

Quand l'amour est bien fort, rien ne peut l'arrester;
Ses projets seulement vont à se contenter,
Et, pourueu quil arriue au but qu'il se propose,
Il croit que tout le reste apres est peu de chose.
Mais, enfin, auiourdhuy ie me decouure à vous,
Afin que vos conseils.... Mais voicy cét Epoux,

SCENE II.

VALERE, ASCAGNE, FROSINE.

VALERE.

SI vous estes tous deux en quelque conference,
Où ie vous fasse tort de mesler ma presence,
Ie me retireray.

ASCAGNE.

Non, non; vous pouuiez bien,
Puis que vous le faisiez, rompre nostre entretien.

VALERE.

Moy?

ASCAGNE.

Vous-mesme.

VALERE.

Et comment?

ASCAGNE.

Ie disois que Valere
Auroit, si i'estois fille, vn peu trop sçû me plaire;
Et que si ie faisois tous les veux de son cœur,
Ie ne tarderois guere à faire son bon-heur.

VALERE.

Ces protestations ne coûtent pas grand chose,
Alors qu'à leur effet vn pareil si s'oppose:
Mais vous seriez bien pris, si quelque éuenement
Alloit mettre à l'épreuue vn si doux compliment.

ASCAGNE.

Point du tout ; ie vous dy que regnant dans vostre ame
Ie voudrois de bon cœur couronner vôtre flame.

VALERE.

Et si c'estoit quelqu'vne, où par vôtre secours
Vous pussiez estre vtile au bon-heur de mes jours.

ASCAGNE.

Ie pourrois assez mal répondre à vôtre attente.

VALERE.

Cette confession n'est pas fort obligeante.

ASCAGNE.

Hé! quoy ! vous voudriez, Valere, iniustement,
Qu'estant fille,& mon cœur vous aymant tendremẽt,
Ie m'allasse engager auec vne promesse
De seruir vos ardeurs pour quelqu'autre maistresse.
Vn si penible effort pour moy m'est interdit

VALERE.

Mais cela n'estant pas ?

ASCAGNE.

Ce que ie vous ay dit
Ie l'ay dit comme fille,& vous le deuez prendre
Tout de mesme.

VALERE.

Ainsi donc il ne faut rien pretendre,
Ascagne,a des bontez que vous auriez pour nous,
A moins que le Ciel fasse vn grand miracle en vous.
Bref,si vous n'estes fille, adieu vôtre tendresse;
Il ne vous reste rien qui pour nous s'interesse ;

ASCAGNE.

I'ay l'esprit delicat plus qu'on ne peut penser,
Et le moindre scrupule a dequoy m'offenser
Quand il s'agit d'aymer ; enfin ie suis sincere ;
Ie ne m'engage point à vous seruir, Valere,

Si vous ne m'asſurez au moins abſolument,
Que vous gardez pour moy le meſme ſentiment;
Que pareille chaleur d'amitié vous transporte,
Et que, ſi i'eſtois fille, vne flame plus forte
N'outragerois point celle ou ie viurois pour vous.

VALERE.

Ie n'auois jamais veu ce ſcrupule jaloux;
Mais tout nouueau qu'il eſt, ce mouuement m'oblige,
Et ie vous fais icy tout l'aueu qu'il exige.

ASCAGNE.

Mais ſans fard?

VALERE.

Ouy, ſans fard.

ASCAGNE.

Il eſt vray deſormais;
Vos interets ſeront les miens, ie vous promets,

VALERE

I'ay bien-toſt à vous dire vn important myſtere,
Où l'effet de ces mots me ſera neceſſaire.

ASCAGNE.

Et i'ay quelque ſecret de meſme à vous ouurir,
Où vôtre cœur pour moy ſe pourra découurir.

VALERE.

Hé! de quelle façon cela pourroit-il eſtre?

ASCAGNE.

C'eſt que i'ay de l'amour qui n'oſeroit paroiſtre,
Et vous pourriez auoir ſur l'objet de mes vœux
Vn empire à pouuoir rendre mon ſort heureux.

VALERE.

Expliquez-vous, Aſcagne, & croyez par auance
Que vôtre heur eſt certain, s'il eſt en ma puiſſance.

ASCAGNE.

Vous promettez icy plus que vous ne croyez.

VALERE.

Non,non; dites l'objet pour qui vous m'employez.

ASCAGNE.

Il n'est pas encore temps; mais c'est vne personne
Qui vous touche de prés.

VALERE,

Vostre discours m'étonne;
Pleust à Dieu que ma sœur....

ASCAGNE.

Ce n'est pas la saison.
De m'expliquer, vous dis-je.

VALERE.

Et pourquoy?

ASCAGNE.

Pour raison.
Vous sçaurez mon secret, quand ie sçauray le vôtre.

VALERE.

I'ay besoin pour cela de l'aueu de quelqu'autre.

ASCAGNE.

Ayez-le donc; & lors nous expliquant nos vœux,
Nous verrons qui tiendra mieux parole des deux.

VALERE.

Adieu; i'en suis content.

ASCAGNE.

Et moy content, Valere.

FROSINE.

Il croit trouuer en vous l'assistance d'vn frere.

SCENE

SCENE III.

FROSINE, ASCAGNE, MARINETTE, LVCILE.

LVCILE.

C'En est fait; c'est ainsi que ie me puis vanger :
Et, & si cette action a dequoy l'affliger,
C'est toute la douceur que mon cœur s'y propose.
Mon frere, vous voyez vne metamorphose.
Ie veux cherir Valere apres tant de fierté,
Et mes yeux maintenant tournent de son côté.

ASCAGNE.

Que dites-vous? ma sœur; comment! courir au change!
Cette inégalité me semble trop étrange.

LVCILE.

La vôtre me surprend auec plus de sujet,
De vos soins autrefois Valere estoit l'objet;
Ie vous ay veu pour luy m'accuser de caprice,
D'aueugle cruauté, d'orgueil & d'iniustice,
Et, quand ie veux l'aimer mon dessein vous déplaist,
Et ie vous voy parler contre son interest.

ASCAGNE.

Ie le quitte, ma sœur, pour embrasser le vostre :
Ie sçay qu'il est rangé dessous les loix d'vn autre,
Et ce seroit vn trait honteux à vos appas,
Si vous le rappelliez & qu'il ne reuint pas.

LVCILE.

Si ce n'est que cela, i'auray soin de ma gloire;

Et ie ſçay pour ſon cœur tout ce que i'en dois croire:
Il s'explique à mes yeux intelligiblement.
Ainſi, découurez-luy ſans peur, mon ſentiment :
Ou, ſi vous refuſez de le faire, ma bouche
Luy va faire ſçauoir que ſon ardeur me touche.
Quoy! mon frere, à ces mots vous reſtez interdit !

ASCAGNE.

Ha ! ma ſœur, ſi ſur vous ie puis auoir credit;
Si vous eſtes ſenſible aux prieres d'vn frere,
Quittez vn tel deſſein, & n'ôtez point Valere
Aux vœux d'vn jeune objet dont l'intereſt m'eſt cher,
Et qui ſur ma parole a droit de vous toucher.
La pauure infortunée ayme auec violence ;
A moy ſeul de ſes feux elle fait confidence,
Et ie voy dans ſon cœur de tendre mouuemens
A dompter la fierté des plus durs ſentimens.
Ouy, vous auriez pitié de l'eſtat de ſon ame,
Connoiſſant de quel coup vous menacez ſa flame,
Et ie reſſens ſi bien la douleur qu'elle aura,
Que ie ſuis aſſuré ma ſœur, qu'elle en mourra.
Si vous luy derobez l'amant qui peut luy plaire.
Eraſte eſt vn party qui doit vous ſatisfaire ;
Et des feux mutuels.......

LVCILE.

Mon frere, c'eſt aſſez :
Ie ne ſçay point pour qui vous vous intereſſez ;
Mais, de grace, ceſſons ce diſcours, ie vous prie,
Et me laiſſez vn peu dans quelque réuerie.

ASCAGNE.

Allez, cruelle ſœur, vous me deſeſperez,
Si vous effectuez vos deſſeins declarez.

SCENE IV.

MARINETTE, LVCILE.

MARINETTE.

LA resolution, Madame, est assez prompte.

LVCILE.

Vn cœur ne peze rien alors que l'on l'affronte;
Il court à sa vengeance, & saisit promptement
Tout ce qu'il croit seruir à son ressentiment.
Le traistre! faire voir cette insolence extreme?

MARINETTE.

Vous m'en voyez encore toute hors de moy-mesme;
Et, quoy que là-dessus ie rumine sans fin,
L'auenture me passe & i'y pers mon latin.
Car enfin, aux transports d'vne bonne nouuelle,
Iamais cœur ne s'ouurit d'vne façon plus belle:
De l'écrit obligeant le sien tout transporté
Ne me donnoit pas moins que de la deïté;
Et cependant jamais, à cét autre message,
Fille ne fut traittée auec tant d'outrage.
Ie ne sçay pour causer de si grands changemens,
Ce qui s'est pû passer entre ces courts momens.

LVCILE.

Rien ne s'est pû passer dont il faille estre en peine,
Puis que rien ne le doit deffendre de ma haine.
Quoy! tu voudrois chercher hors de sa lâcheté
La secrette raison de cette indignité!

Cét écrit mal-heureux dont mon ame s'accuse
Peut-il à son transport souffrir la moindre excuse ?

MARINETTE.

En effet ie comprens que vous auez raison,
Et que cette querelle est pure trahison.
Nous en tenons, Madame ; & puis prétons l'oreille
Aux bons chiens de pendars qui nous chantent merueille,
Qui pour nous acrocher feignent tant de langueur ;
Laissons à leurs beaux mots fondre nôtre rigueur,
Rendons-nous à leurs vœux, trop foibles que nous sommes.
Foin de nôtre sottise, & peste soit des hommes.

LVCILE.

Hé-bien, bien qu'il s'en vante, & rie à nos dépens ;
Il n'aura pas sujet d'en triompher long-temps ;
Et ie luy feray voir qu'en vne ame bien faite
Le mépris suit de prés la faueur qu'on rejette.

MARINETTE.

Au moins, en pareil cas, est-ce vn bon-heur bien doux,
Quand on sçait qu'on n'a point d'auantage sur vous.
Marinette eut bon nez, quoy qu'on en puisse dire,
De ne permettre rien vn soir qu'on vouloit rire.
Quelqu'autre sous espoir de matrimonion,
Auroit ouuers l'oreille à la tentation ;
Mais moy, nescio vos.

LVCILE.

Que tu dis de folies !
Et choisis mal ton temps pour de telles sallies !

Enfin ie ſuis touché au cœur ſenſiblement,
Et ſi jamais celuy de ce perfide amant
Par vn coup de bon-heur,dont i'aurois tort, ie penſe,
De vouloir à preſent conceuoir l'eſperance,
(Car le Ciel a trop pris plaiſir à m'affliger,
Pour me donner celuy de me pouuoir vanger)
Quand dis-je par vn ſort à mes deſirs propice,
Il reuiendroit m'offrir ſa vie en ſacrifice,
Deteſter à mes pieds l'action d'aujourd'huy,
Ie te deffens ſur tout de me parler pour luy.
Au contraire ie veux que ton zele s'exprime
A me bien mettre aux yeux la grandeur de ſon crime.
Et meſme, ſi mon cœur eſtoit pour luy tenté
De deſcendre jamais à quelque lâcheté,
Que ton affection me ſoit alors ſeuere,
Et tienne comme il faut la main à ma colere.

MARINETTE.

Vrayment, n'ayez point peur, & laiſſez faire à nous,
I'ay pour le moins autant de colere que vous;
Et ie ſerois plûtoſt fille toute ma vie,
Que mon gros traiſtre auſſi me redonnât envie.
S'il reuient.....

SCENE V.

MARINETTE, LVCILE, ALBERT.

ALBERT.

RЕntrez, Lucile, & me faites venir
Le precepteur, ie veux vn peu l'entretenir,
Et m'informer de luy qui me gouuerne Ascagne,
S'il sçait point quel ennuy depuis peu l'accompagne.

Il continüe seul.

En quel gouffre de soins & de perplexité
Nous jette vne action faite sans équité!
D'vn enfant supposé par mon trop d'auarice
Mon cœur depuis long-temps souffre bien le suplice,
Et, quand ie vois les maux où ie me suis plongé,
Ie voudrois à ce bien n'auoir jamais songé.
Tantost ie crains de voir, par la fourbe éuentée,
Ma famille en opprobre & misere jettée;
Tantost, pour ce fils-là, qu'il me faut conseruer,
Ie crains cent accidens qui peuuent arriuer.
S'il aduient que dehors quelque affaire m'appelle,
I'apprehende au retour cette triste nouuelle,
Las! vous ne sçauez pas? vous l'a-t'on anoncé?
Vostre fils a la fiévre, ou jambe, ou bras casé:
Enfin, à tous momens, sur quoy que ie m'arreste,
Cent sortes de chagrins me roulent par la teste.
Ha!

SCENE VI.

ALBERT, METAPHRASTE.

METAPHRASTE.

Mandatum tuum curo diligenter.

ALBERT.

Maiſtre i'ay voulu ..

METAPHRASTE.

Maiſtre eſt dit à *Magiſter*,
C'eſt comme qui diroit trois fois plus grand.

ALBERT.

Ie meure,
Si ie ſçauois cela. Mais, ſoit ; à la bonne heure.
Maiſtre donc.....

METAPRASTE.

Pourſuiuez.

ALBERT.

Ie veux pourſuiure auſſi ;
Mais ne pourſuiuez point, vous, d'interrompre ainſi.
Donc, encore vne fois, Maiſtre, c'eſt la troiſiéme,
Mon fils me rend chagrin, vous ſçauez que ie l'ayme,
Et que ſoigneuſement ie l'ay touſiours nourry.

METAPHRASTE.

Il eſt vray ; *Filio non poteſt præferri*
Niſi filius.

ALBERT.

Maiſtre, en diſcourant enſemble,

Ce iargon n'est pas fort necessaire, me semble,
Ie vous crois grand Latin, & grand Docteur iuré;
Ie m'en raporte à ceux qui m'en ont asseuré :
Mais, dans vn entretien qu'auec vous ie destine,
N'allez point déployer toute vostre Doctrine,
Faire le pedagogue, & cent mots me cracher,
Comme si vous estiez en chaire pour prescher.
Mon pere, quoy qu'il eut la teste des meilleure,
Ne m'a iamais rien fait aprendre que mes heures,
Qui, depuis cinquante ans dites iournellement
Ne sont encore pour moy que du haut Allémant.
Laissez donc en repos vostre science auguste,
Et que vostre langage à mon foible s'ajuste.

METAPHASTE,

Soit.

ALBERT.

A mon fils, l'hymen semble luy faire peur,
Et, sur quelque party que ie sonde son cœur,
Pour vn pareil lien il est froid, & recule

METAPHATE.

Peut-estre a-t'il l'humeur du frere de Marc-Tulle
Dont auec Atticus le mesme fait sermon,
Et comme aussi les Grecs disent Atanaton.

ALBERT.

Mon Dieu, Maistre éternel, laissez-là, ie vous prie,
Les Grecs, les Albanois, auec l'Esclauonie
Et tous ces autres gens dont vous venez parler;
Eux & mon fils n'ont rien ensemble à démesler.

METAPHASTE.

Hé bien, donc? vostre fils?

ALBERT.

Ie ne sçay si dans l'ame
Il ne sentiroit point vne secrette flame.

Quelque

Quelque chose le trouble, ou ie suis fort déceu,
Et ie l'aperçeus hier, sans en estre aperçeu,
Dans vn recoin du bois où nul ne se retire.

METAPHASTE.

Dans vn lieu reculé du bois, voulez-vous dire,
Vn endroit écarté, *Latinè secessus*;
Virgile l'a dit, *est in secessu locus*.......

LVCILE.

Comment auroit il pû l'auoir dit ce Virgile?
Puis que ie suis certain que dans ce lieu tranquile
Ame du monde enfin n'estoit lors que nous deux.

METAPHASTE

Virgile est nommé là comme vn autheur fameux
D'vn terme plus choisi que le mot que vous dites,
Et non comme tesmoin de ce que hier vous vistes.

ALBERT.

Et moy, ie vous dis, moy, que ie n'ay pas besoin
De terme plus choisi, d'autheur ny de tesmoin
Et qu'il suffit icy de mon seul témoignage.

METAPHRASTE.

Il faut choisir pourtant les mots mis en vsage
Par les meilleurs autheurs; *tu, viuendo, bonos*,
Comme on dit, *scribendo, sequare peritos*.

ALBERT.

Homme, ou demon, veut-tu m'entendre sans conteste?

METAPHRASTE.

Quintilien en fait le precepte.

ALBERT.

La peste
Soit du causeur?

METAPHRASTE.

Et dit là dessus doctement
Vn mot que vous serez bien aise assurément

D'entendre.

ALBERT.

Ie feray le diable qui t'emporte,
Chien d'homme. O! que ie suis tenté d'estrange sorte
De faire sur ce mufle vne application!

METAPHRASTE.

Mais, qui cause Seigneur, vôtre inflammation?
Que voulez-vous de moy?

ALBERT.

Ie veux que l'on m'écoute,
Vous ay-je dit vingt fois, quand ie parle.

METAPHRASTE.

Ha! sans doute,
Vous serez satisfait, s'il ne tient qu'à cela.
Ie me tais.

ALBERT.

Vous ferez sagement,

METAPHRASTE.

Me voila
Tout prest de vous ouyr.

ALBERT.

Tant mieux.

METAPHRASTE.

Que ie trépasse,
Si ie dis plus mot.

ALBERT.

Dieu vous en fasse la grace.

METAPHRASTE.

Vous n'accuserez point mon caquet desormais.

ALBERT.

Ainsi soit-il.

METAPHRASTE.

Parlez quand vous voudrez.

ALBERT.

I'y vais.

METAPHRASTE.

Et n'apprehendez plus l'interruption nôtre.

ALBERT.

C'eſt aſſez dit.

METAPHRASTE.

Ie ſuis exact plus qu'aucun autre.

ALBERT.

Ie le croy.

METAPHRASTE.

I'ay promis que ie ne dirois rien.

ALBERT.

Suffit.

METAPHRASTE.

Dés à preſent ie ſuis müet.

ALBERT.

Fort bien.

METAPHRASTE.

Parlez : courage ; au moins, ie vous donne audiance ;
Vous ne vous plaindrez pas de mon peu de ſilence,
Ie ne deſſerre pas la bouche ſeulement.

ALBERT.

Le traiſtre !

METAPHRASTE.

Mais, de grace, acheuez viſtement ;
Depuis long-temps i'écoute, il eſt bien raiſonnable
Que ie parle à mon tour.

ALBERT.

Donc bourreau deteſtable.....

METAPRASTE.

Hé! bon Dieu ! voulez-vous que i'écoute à iamais ?
Partageons le parler, au moins, ou ie m'en vais.

ALBERT.

Ma patience est bien....

METAPHRASTE.

Quoy ! voulez-vous poursuiure ?

Ce n'est pas encor fait, *per Iouem*, ie suis yure.

ALBERT.

Ie n'ay pas dit....

METAPHRASTE.

Encor ! bon Dieu ! que de discours !
Rien n'est-il suffisant d'en arrester le cours !

ALBERT.

I'enrage.

METAPHRASTE.

Derechef ? ô ! l'estrange torture !
Hé ! laissez-moy parler vn peu, ie vous conjure ;
Vn sot qui ne dit mot ne se distingue pas
D'vn sçauant qui se tait.

ALBERT *s'en allant*.

Parbleu, tu te tairas.

METAPHRASTE.

D'où vient fort à propos cette Sentence expresse
D'vn Philosophe, parle afin qu'on te connoisse.
Doncques, si de parler le pouuoir m'est osté,
Pour moy, i'ayme autant perdre aussi l'humanité,
Et changer mon Essence en celle d'vne beste.
Me voila pour huit iours auec vn mal de teste.
O ! que les grands parleurs sont par moy detestez.

Mais

Mais quoy? si les sçauans ne sont point écoutez,
Si l'on veut que toûjours ils ayent la bouche close,
Il faut donc renuerser l'ordre de chaque chose;
Que les poules dans peu deuorent les renards;
Que les jeunes enfans remontrent aux vieillards;
Qu'à poursuiure les loups les agnelets s'ébatent;
Qu'vn fou fasse les loix; que les femmes combattent;
Que par les criminels les Iuges soient iugez:
Et par les écoliers les Maistres fustigez;
Que le malade au sain presente le remede;
Que le liévre craintif.... misericorde, à l'ayde.

Albert luy vient sonner aux oreilles vne cloche qui le fait fuir,

Fin du second Acte.

ACTE III.

SCENE PREMIERE.

MASCARILLE.

LE Ciel par fois ſeconde vn deſſein temeraire,
Et l'on ſort comme on peut d'vne meſchante affaire.
Pour moy qu'vne imprudence a trop fait diſcourir,
Le remede plus prompt où i'ay ſçû recourir,
C'eſt de pouſſer ma pointe, & dire en diligence
A noſtre vieux patron toute la manigance.
Son fils qui m'embaraſſe eſt vn éuaporé :
L'autre, diable, diſant ce que i'ay declaré,
Gâre vne irruption ſur nôtre friperie :
Au moins, auant qu'on puiſſe échauffer ſa furie,
Quelque choſe de bon nous pourra ſucceder,
Et les vieillards entre eux ſe pourront accorder.
C'eſt ce qu'on va tenter ; & de la part du noſtre,
Sans perdre vn ſeul moment, ie m'en vay trouuer l'autre.

SCENE II.

MASCARILLE, ALBERT.

ALBERT.

QVi frappe?

MASCARILLE.

Amis.

ALBERT.

Ho! ho! qui te peut amener?
Mascarille.

MASCARILLE.

Ie viens, Monsieur, pour vous donner
Le bon iour.

ALBERT.

Ha! vrayement tu prends beaucoup de peine!
De tout mon cœur, bon jour.

MASCARILLE.

La replique est soudaine.
Quel homme brusque!

ALBERT.

Encor?

MASCARILLE.

Vous n'auez pas ouy,
Monsieur.

ALBERT.

Ne m'as-tu pas donné le bon iour?

MASCARILLE.

Ouy.

ALBERT.

Hé bien, bon iour, te dy-je.

MASCARILLE.

Ouy ; mais ie viens encore
Vous saluer au nom du Seigneur Polidore.

ALBERT.

Ha ! c'est vn autre fait. Ton maistre ta chargé
De me saluer ?

MASCARILLE.

Ouy.

ALBERT.

Ie luy suis obligé ;
Va, que ie luy souhaitte vne ioye infinie.

MASCARILLE.

Cét homme est ennemy de la ceremonie.
Ie n'ay pas acheué, Monsieur, son compliment :
Il voudroit vous prier d'vne chose instamment.

ALBERT.

Hé bien ! quand il voudra ie suis à son seruice.

MASCARILLE.

Attendez, & souffrez qu'en deux mots ie finisse.
Il souhaitte vn moment pour vous entretenir
D'vne affaire importante, & doit icy venir.

ALBERT.

Hé ? quelle est-elle encore l'affaire qui l'oblige
A me vouloir parler ?

MASCARILLE.

Vn grand secret, vous dy-je,
Qu'il vient de découurir en ce mesme moment,
Et qui, sans doute, importe à tous deux grandement.
Voila mon Ambassade.

SCENE III.

ALBERT.

O! Iuſte Ciel, ie tremble!
Car enfin nous auons peu de commerce enſemble.
Quelque tempeſte va renuerſer mes deſſeins,
Et ce ſecret ſans doute eſt celuy que ie crains.
L'eſpoir de l'intereſt m'a fait quelque infidele,
Et voila ſur ma vie vne tache éternelle;
Ma fourbe eſt découuerte. O! que la verité
Se peut cacher long-temps auec difficulté!
Et qu'il euſt mieux valu, pour moy, pour mon eſtime,
Suiure les mouuemens d'vne peur legitime,
Par qui ie me ſuis veu tenté plus de vingt fois,
De rendre à Polidore vn bien que ie luy dois,
De preuenir l'éclat où ce coup-cy m'expoſe,
Et faire qu'en douceur paſſaſt toute la choſe.
Mais, helas! c'en eſt fait, il n'eſt plus de ſaiſon,
Et ce bien par la fraude entré dans ma maiſon
N'en ſera point tiré, que dans cette ſortie
Il n'entraiſne du mien la meilleure partie.

SCENE IV.

ALBERT, POLIDORE.

POLIDORE.

S'Estre ainsi marié sans qu'on en ait sçû rien !
Puisse cette action se terminer à bien :
Ie ne sçay qu'en attendre, & ie crains fort du pere
Et la grande richesse, & la iuste colere.
Mais ie l'appercoy seul.

ALBERT.

Dieu, Polidore vient !

POLIDORE.

Ie tremble à l'aborder.

ALBERT.

La crainte me retient.

POLIDORE.

Par où luy debuter ?

ALBERT.

Quel sera mon langage ?

POLIDORE.

Son ame est toute émeuë.

ALBERT.

Il change de visage.

POLIDORE.

Ie voy, Seigneur Albert, au trouble de vos yeux
Que vous sçauez desia qui m'ameine en ces lieux.

ALBERT.

Helas ! ouy.

POLIDORE.

La nouuelle a droit de vous surprendre,
Et ie n'eusse pas crû ce que ie viens d'apprendre...

ALBERT.

I'en dois rougir de honte, & de confusion.

POLIDORE.

Ie treuue condamnable vne telle action,
Et ie ne pretens point excuser le coupable.

ALBERT.

Dieu fait misericorde au pecheur miserable.

POLIDORE.

C'est ce qui doit par vous estre consideré.

ALBERT.

Il faut estre Chrestien.

POLIDORE.

Il est tres-assuré.

ALBERT.

Grace, au nom de Dieu, grace, ô Seigneur Polidore.

POLIDORE.

Hé ! c'est moy qui de vous presentement l'implore.

ALBERT.

Afin de l'obtenir ie me jette à genoux.

POLIDORE.

Ie dois en cét état estre plûtost que vous.

ALBERT.

Prenez quelque pitié de ma triste auanture.

POLIDORE.

Ie suis le suppliant dans vne telle iniure.

ALBERT.

Vous me fendez le cœur auec cette bonté.

POLIDORE.

Vous me rendez confus de tant d'humilité.

ALBERT.

Pardon, encore vn coup.

POLIDORE.

Helas ! pardon, vous-mesme.

ALBERT.

I'ay de cette action vne douleur extréme.

POLIDORE.

Et moy i'en suis touché de mesme au dernier point.

ALBERT.

I'ose vous conuier qu'elle n'éclate point.

POLIDORE.

Helas ! Seigneur Albert, ie ne veux autre chose.

ALBERT.

Conseruons mon honneur.

POLIDORE.

Hé! ouy, ie m'y dispose.

ALBERT

Quant au bien qu'il faudra, vous mesme en resoudrez.

POLIDORE

Ie ne veux de vos biens que ce que vous voudrez :
De tous ces interests ie vous feray le maistre,
Et ie suis trop content si vous le pouuez estre.

ALBERT.

Ha ! quel homme de Dieu ! quel excez de douceur ?

POLIDORE

Quelle douceur vous-mesme, apres vn tel malheur !

ALBERT.

Que puissiez-vous auoir toutes choses prosperes.

POLIDORE.

Le bon Dieu vous maintienne.

ALBERT.

Embrassons-nous en freres.

POLIDORE.

I'y consens de grand cœur, & me réjouys fort
Que tout soit terminé par vn heureux accord.

ALBERT.

I'en rends graces au Ciel.

POLIDORE.

Il ne vous faut rien faindre,
Vôtre ressentiment me donnoit lieu de craindre ;
Et *Lucile* tombée en faute auec mon fils,
Comme on vous voit puissant, & de biens, & d'amis...

ALBERT.

Heu ! que parlez-vous là de faute, & de *Lucile* ?

POLIDORE.

Soit ; ne commençons point vn discours inutile !
Et veux bien que mon fils y trempe grandement.
Mesme, si cela fait à vostre allegement,
I'auoüeray qu'à luy seul en est toute la faute ;
Que vostre fille auoit vne vertu trop haute,
Pour auoir jamais fait ce pas contre l'honneur,
Sans l'incitation d'vn meschant suborneur ;
Que le traistre a seduit sa pudeur innocente,
Et de vostre conduite ainsi destruit l'attente ;
Puisque la chose est faite, & que selon mes vœux,
Vn esprit de douceur nous met d'accord tous deux,
Ne ramenteuons rien, & reparons l'offence
Par la solemnité d'vne heureuse alliance.

ALBERT.

O Dieu ! quelle suprise ! & qu'est-ce qu'il m'apprend !
Ie rentre icy d'vn trouble en vn autre aussi grand :
Dans ces diuers transports ie ne sçay que répondre,
Et, si ie dis vn mot, i'ay peur de me confondre.

POLIDORE.

A quoy pensez-vous là, Seigneur Albert ?

ALBERT.

A rien :
Remettons, ie vous prie à tantost l'entretien :
Vn mal subit me prend qui veut que ie vous laisse.

SCENE V.

POLIDORE.

IE lis dedans son ame, & voy ce qui le presse.
A quoy que sa raison l'eust desia disposé,
Son déplaisir n'est pas encor tout appaisé.
L'image de l'affront luy reuient, & sa fuite
Tasche à me déguiser le trouble qui l'agite.
Ie prens part à sa honte, & son deuïl m'attendrit.
Il faut qu'vn peu de temps remette son esprit:
La douleur trop contrainte a sement se redouble.
Voicy mon jeune foû d'où nous vient tout ce trouble.

SCENE VI.

POLIDORE, VALERE.

POLIDORE.

ENfin, le beau mignon, vos bons déportemens
Troubleront les vieux jours d'vn pere à tous momens.
Tous les iours vous ferez de nouuelles merueilles;
Et nous n'aurons jamais autre chose aux oreilles.

VALERE.

Que fais-je tous les jours qui soit si criminel ?
En quoy meriter tant le courroux paternel ?

POLIDORE.

Ie suis vn estrange homme, & d'vne humeur terrible,
D'accuser vn enfant si sage & si paisible.
Las ! il vit comme vn saint, & dedans la maison
Du matin iusqu'au soir il est en oraison.
Dire qu'il peruertit l'ordre de la nature,
Et fait du jour la nuit, ô ! la grande imposture !
Qu'il n'a consideré pere, ny parenté
En vingt occasions, horrible fausseté !
Que, de fraische memoire, vn furtif hymenée
A la fille d'Albert a joint sa destinée,
Sans craindre de la suitte vn desordre puissant,
On le prend pour vn autre, & le pauure innocent
Ne sçait pas seulement ce que ie luy veux dire !
Ha ! chien, que i'ay receu du ciel pour mon martyre,
Te croiras-tu toûjours ? & ne pourray-je pas,
Te voir estre vne fois sage auant mon trépas.

VALERE *seul*.

D'où peut venir ce coup ? mon ame embarassée
Ne voit que Mascarille, où jetter sa pensée ?
Il ne sera pas homme à m'en faire vn aueu ;
Il faut vser d'addresse, & me contraindre vn peu
Dans ce iuste courroux.

SCENE VII.

MASCARILLE, VALERE.

VALERE.

MAscarille, mon pere
Que ie viens de trouuer, ſçait toute noſtre affaire.

MASCARILLE.

Il la ſçait ?

VALERE.

Ouy.

MASCARILLE.

D'où, diantre, a-t'il pû la ſçauoir ?

VALERE.

Ie ne ſçay point ſur qui ma conjoncture aſſeoir;
Mais enfin d'vn ſuccez cette affaire eſt ſuiuie
Dont iay tous les ſujets d'auoir l'ame rauie.
Il ne m'en a pas dit vn mot qui fuſt faſcheux;
Il excuſe ma faute, il approuue mes feux,
Et ie voudrois ſçauoir qui peut eſtre capable
D'auoir pû rendre ainſi ſon eſprit ſi traittable,
Ie ne puis t'exprimer l'aiſe que i'en reçoy.

MASCARILLE'

Et que me diriez-vous, Monſieur, ſi c'eſtoit moy,
Qui vous euſt procuré cette heureuſe fortune ?

VALERE.

Bon, bon; tu voudrois bien icy m'en donner d'vne.

MASCARILLE.

C'est moy, vous dy-je, moy, dont le patron le sçait,
Et qui vous ay produit ce fauorable effet.

VALERE.

Mais, là, sans te railler ?

MASCARILLE.

Que le diable m'emporte,
Si ie fais raillerie, & s'il n'est de la sorte.

VALERE.

Et qu'il m'entraine, moy, si tout presentement
Tu n'en vas receuoir le iuste payement.

MASCARILLE.

Ha ! Monsieur, qu'est cecy ? ie deffends la surprise.

VALERE.

C'est la fidelité que tu m'auois promise ?
Sans ma feinte jamais tu n'eusses aüoüé
Le trait que i'ay bien crû que tu m'auois joüé.
Traistre, de qui la langue à causer trop habile
D'vn pere contre moy vient d'eschauffer la bile,
Qui me pers tout à fait, il faut sans discourir
Que tu meures.

MASCARILLE.

Tout beau ; mon ame, pour mourir,
N'est pas en bon état. Daignez, ie vous conjure.
Attendre le succez qu'aura cette auanture.
I'ay de fortes raisons qui m'ont fait reueler
Vn hymen que vous-mesme auiez peine à celer ;
C'estoit vn coup d'état, & vous verrez l'issuë
Condamner la fureur que vous auez conceuë.
Dequoy vous fâchez-vous? pourueu que vos souhaits
Se trouuent par mes soins plainement satisfaits,
Et voyent mettre à fin la contrainte où vous estes ?

VALERE.

Et si tous ces discours ne sont que des fornetes ?

MASCARILLE.

Toûjours serez-vous lors à temps pour me tuer,
Mais enfin mes projets pourront s'effectuer.
Dieu fera pour les siens, & content dans la suite
Vous me remercirez de ma rare conduite.

VALERE.

Nous verrons. Mais, Lucile.....

MASCARILLE.

Alte son pere sort.

SCENE VIII.

VALERE, ALBERT, MASCARILLE.

ALBERT.

Plus ie reuiens du trouble où i'ay donné d'abord,
Plus ie me sens piqué de ce discours estrange,
Sur qui ma peur prenoit vn si dangereux change;
Car Lucile soutient que c'est vne chançon,
Et m'a parlé d'vn air à m'oster tout soupçon.
Ha! Monsieur est-ce vous, de qui l'audace insigne
Met en ieu mon honneur, & fait ce conte indigne?

MASCARILLE.

Seigneur Albert, prenez vn ton vn peu plus doux,
Et contre vostre gendre ayez moins de courroux.

ALBERT.

Comment gendre, coquin, tu portes bien la mine
De pousser les ressorts d'vne telle machine,
Et d'en auoir esté le premier inuenteur.

MASCARILLE.

Ie ne vois icy rien à vous mettre en fureur.

ALBERT.

Trouue-tu beau, dy-moy, de diffamer ma fille ?
Et faire vn tel ſcandale à toute vne famille ?

MASCARILLE.

Le voila preſt de faire en tout vos volontez.

ALBERT.

Que voudrois-je, ſinon qu'il dit des veritez ?
Si quelque intention le preſſoit pour Lucile,
La recherche en pouuoit eſtre honneſte & ciuile,
Il fal'oit l'attaquer du coſté du deuoir,
Il failoit de ſon pere implorer le pouuoir,
Et non-pas recourir à cette lâche feinte,
Qui porte à la pudeur vne ſenſible atteinte.

MASCARILLE.

Quoy ! Lucile, n'eſt pas ſous des liens ſecrets
A mon maiſtre ?

ALBERT.

Non, traiſtre, & n'y ſera jamais.

MASCARILLE.

Tout doux : & s'il eſt vray que ce ſoit choſe faite,
Voulez-vous l'approuuer cette chaiſne ſecrette ?

ALBERT.

Et, s'il eſt conſtant, toy, que cela ne ſoit pas,
Veux-tu te voir caſſer les jambes & les bras ?

VALERE.

Monſieur, il eſt aiſé de vous faire paroiſtre
Qu'il dit vray.

ALBERT.

Bon, voila l'autre encor digne maiſtre
D'vn ſemblable valet. O ! les menteurs hardis !

MASCARILLE.

D'homme d'honneur il eſt ainſi que ie le dis.

VALERE.

Quel ſeroit noſtre but de vous en faire acroire ?

ALBERT.

Ils s'entendent tous deux comme larrons en foire.

MASCARILLE.

Mais venons à la preuue, & ſans nous quereller :
Faites ſortir Lucile & la laiſſez parler.

ALBERT.

Et ſi le dementy par elle vous en reſte ?

MASCARILLE.

Elle n'en fera rien, Monſieur, ie vous proteſte.
Promettez à leurs vœux voſtre conſentement,
Et ie veux m'expoſer au plus dur châtiment,
Si de ſa propre bouche elle ne vous confeſſe,
Et la foy qui l'engage, & l'ardeur qui la preſſe.

ALBERT.

Il faut voir cette affaire.

MASCARILLE.

Allez ; tout ira bien.

ALBERT.

Hola , Lucile, vn mot.

VALERE.

Ie crains....

MASCARILLE.

Ne craignez rien.

SCENE IX.

VALERE, ALBERT, MASCARILLE, LVCILE.

MASCARILLE.

SEigneur Albert, au moins, silence. Enfin, Madame,
Toute chose conspire au bon-heur de vôtre ame,
Et Monsieur vôtre pere auerty de vos feux
Vous laisse vôtre Epoux, & confirme vos vœux ;
Pourueu que bannissant toutes craintes friuoles,
Deux mots de vôtre aueu confirment nos paroles.

LVCILE.

Que me vient donc conter ce coquin assuré ?

MASCARILLE.

Bon, me voila déja d'vn beau titre honoré.

LVCILE.

Sçachons vn peu, Monsieur, quelle belle saillie
Fait ce conte galand qu'aujourd'huy l'on publie.

VALERE.

Pardon, charmant objet, vn valet a parlé,
Et i'ay veu, malgré moy, nôtre hymen reuelé.

LVCILE.

Nostre hymen ?

VALERE.

On sçait tout, adorable Lucile,
Et vouloir déguiser est vn soin inutile.

LVCILE.

Quoy ! l'ardeur de mes feux vous a fait mon Epoux?

VALERE.

C'est vn bien qui me doit faire mille jaloux ;
Mais i'impute bien moins ce bon-heur de ma flame
A l'ardeur de vos feux, qu'aux bontez de vôtre ame.
Ie sçay que vous auez sujet de vous fâcher ;
Que c'estoit vn secret que vous vouliez cacher,
Et i'ay de mes transports forcé la violence,
A ne point violer vostre expresse deffence :
Mais.......

MASCARILLE.

Et bien, ouy, c'est moy ; le grand mal que voila !

LVCILE.

Est-il vne imposture égale à celle-là ?
Vous l'osez soûtenir en ma presence mesme
Et pensez m'obtenir par ce beau stratageme.
O ! le plaisant amant ! dont la galante ardeur
Veut blesser mon honneur au défaut de mon cœur,
Et que mon pere émeu de l'éclat d'vn sot conte,
Paye auec mon hymen qui me couure de honte.
Quand tout contribueroit à vôtre passion,
Mon pere , les destins, mon inclination,
On me verroit combattre en ma iuste colere
Mon inclination , les destins, & mon pere ;
Perdre mesme le iour auant que de m'vnir
A qui par ce moyen auroit crû m'obtenir.
Allez ; & si mon sexe , auec bien seance,
Se pouuoit emporter à quelque violence,
Ie vous apprendrois bien à me traitter ainsi.

VALERE.

C'en est fait son courroux ne peut estre adoucy.

MASCARILLE.

Laissez-moy luy parler. Hé! Madame, de grace,
A quoy bon maintenant toute cette grimace ?
Quelle est vostre pensée ; & quel bourru transport

Contre vos propres vœux vous fait roidir si fort ?
Si Monsieur vostre pere estoit homme farouche,
Passe : mais il permet que la raison le touche,
Et luy-mesme m'a dit qu'vne confession
Vous va tout obtenir de son affection.
Vous sentez, ie croy bien, quelque petite honte
A faire vn libre aueu de l'amour qui vous dompte.
Mais s'il vous a fait perdre vn peu de liberté,
Par vn bon mariage on voit tout rajusté ;
Et, quoy que l'on reproche au feu qui vous consomme,
Le mal n'est pas si grand que de tuer vn homme.
On sçait que la chair est fragile quelquefois,
Et qu'vne fille enfin n'est ny caillou ny bois.
Vous n'auez pas esté sans doute la premiere,
Et vous ne serez pas, que ie croy, la derniere.

LVCILE.

Quoy ! vous pouuez ouyr ces discours effrontez !
Et vous ne dites mot à ces indignitez !

ALBERT.

Que veux-tu que ie die ? vne telle auanture
Me met tout hors de moy.

MASCARILLE.

Madame, ie vous iure,
Que desia vous deuriez auoir tout confessé.

LVCILE.

Et quoy donc confesser ?

MASCARILLE.

Quoy ? ce qui s'est passé
Entre mon Maistre & vous ; la belle raillerie !

LVCILE.

Et que s'est-il passé, monstre d'effronterie,
Entre ton Maistre & moy ?

MASCARILLE.

Vous deuez, que ie croy,
En ſçauoir vn peu plus de nouuelles que moy,
Et pour vous cette nuit fut trop douce, pour croire
Que vous puiſſiez ſi viſte en perdre la memoire.

LVCILE.

C'eſt trop ſouffrir, mon pere, vn impudent valet.

SCENE X.

VALERE, MASCARILLE.
ALBERT.

MASCARILLE.

IE croy qu'elle me vient de donner vn ſoufflet.

ALBERT.

Va, coquin, ſcelerat, ſa main vient ſur ta jouë
De faire vne action dont ſon pere la louë.

MASCARILLE.

Et, nonobſtant cela, qu'vn diable en cét inſtant
M'emporte, ſi i'ay dit rien que de tres-conſtant.

ALBERT.

Et nonobſtant cela qu'on me coupe vne oreille,
Si tu porte fort loin vne audace pareille.

MASCARILLE.

Voulez-vous deux témoins qui me iuſtifieront?

ALBERT.

Veux tu deux de mes gens qui te baſtonneront.

MASCARILLE.

Leur rapport doit au mien donner toute creance.

ALBERT.

Leurs bras peuuent du mien reparer l'impuissance.

MASCARILLE.

Ie vous dit que Lucile agit par honte ainsi.

ALBERT.

Ie te dis que i'auray raison de tout cecy.

MASCARILLE.

Connoissez-vous Ormin, ce gros Notaire habile?

ALBERT.

Connois-tu bien Grimpant le bourreau de la ville?

MASCARILLE.

Et Simon le Tailleur jadis si recherché?

ALBERT.

Et la potence mise au m lieu du marché,

MASCARILLE.

Vous verrez confirmer par eux cét hymenée.

ALBERT.

Tu verras acheuer par eux ta destinée.

MASCARILLE.

Ce sont eux qu'ils ont pris pour témoins de leur foy.

ALBERT.

Ce sont eux qui dans peu me vangeront de toy.

MASCARILLE.

Et ces yeux les ont veu s'entredonner parole.

ALBERT.

Et ces yeux te verront faire la capriole,

MASCARILLE.

Et, pour signe, Lucile auoit vn voile noir.

ALBERT.

Et, pour signe, ton front nous le fait assez voir.

MASCARILLE.

O! l'obstiné vieillard!

ALBERT.

O ! le fourbe damnable!
Va, rend grace à mes ans qui me font incapable
De punir sur le champ l affront que tu me fais ;
Tu n'en perds que l'attente, & ie te le promets.

SCENE XI.

VALERE, MASCARILLE.

VALERE.

HE-bien ce beau succez que tu deuois produire.....

MASCARILLE.

I'entens à demy mot ce que vous voulez dire ;
Tout s'arme contre moy ; pour moy de tous costez
Ie voy coups de baston, & gibets apprestez :
Aussi pour estre en paix dans ce desordre extreme,
Ie me vais d'vn rocher precipiter moy mesme,
Si dans le desespoir dont mon cœur est outré,
Ie puis en rencontrer d'assez haut à mon gré.
Adieu, Monsieur.

VALERE.

Non, non ; ta fuite est superfluë :

Si tu meurs, ie pretends que ce ſoit à ma veuë.

MASCARILLE.

Ie ne ſçaurois mourir quand ie ſuis regardé,
Et mon trépas ainſi ſe verroit retardé.

VALERE.

Suy-moy, traiſtre, ſuy-moy ; mon amour en furie
Te ſera voir ſi c'eſt matiere en raillerie.

MASCARILLE.

Mal-heureux Maſcarille ! à quels maux aujourd'huy
Ta vois-tu condamné par le peché d'autruy !

Fin du troiſiéme Acte.

ACTE IV.

SCENE PREMIERE.

ASCAGNE, FROSINE.

EROSINE.

L'Auenture est fascheuse.

ASCAGNE.

Ha ! ma chere Frosine,
Le sort absolument a conclu la ruine :
Cette affaire venuë au point où la voila
N'est pas assurément pour en demeurer là ;
Il faut qu'elle passe outre ; & Lucile, & Valere,
Surpris des nouueautez d'vn semblable mystere
Voudront chercher vn jour dans ces obscuritez,
Par qui tous mes projets se verront auortez.
Car, enfin, soit qu'Albert ait part au stratageme,
Ou qu'auec tout le monde on l'ait trompé luy-mesme ;
S'il arriue vne fois que mon sort éclaicy
Mette ailleurs tout le bien dont le sien a grossi,
Iugez s'il aura lieu de souffrir ma presence :
Son interest détruit me laisse à ma naissance ;

C'est

C'eſt fait de ſa tendreſſe,&,quelque ſentiment
Où pour ma fourbe alors put eſtre mon amant,
Voudra-t'il auoüer pour eſpouſe vne fille
Qu'il verra ſans appuy de biens & de famille ?

FROSINE.

Ie trouue que c'eſt là raiſonné comme il faut :
Mais ces reflexions doiuent venir plutoſt.
Qui vous a iuſqu'icy caché cette lumiere ?
Il ne falloit pas eſtre vne grande ſorciere,
Pour voir, dés le moment de vos deſſeins pour luy,
Tout ce que voſtre eſprit ne voit que d'aujourd'huy.
L'action le diſoit ; & dés que ie l'ay ſçeuë,
Ie n'en ay preueu guere vne meilleure iſſuë.

ASCAGNE.

Que dois-je faire enfin ? mon trouble eſt ſans pareil:
Mettez-vous en ma place, & me donnez conſeil.

FROSINE.

Ce doit eſtre à vous, en prenant voſtre place,
A me donner conſeil deſſus cette diſgrace :
Car, ie ſuis maintenant vous,& vous eſtes moy ;
Conſeillez-moy,Froſine,au point où ie me voy.
Quel remede treuuer ? dites, ie vous en prie.

ASCAGNE.

Helas ! ne traittez point cecy de raillerie ;
C'eſt prendre peu de part à mes cuiſans ennuis,
Que de rire, & de voir les termes où i'en ſuis.

FROSINE.

Non vrayement, tout de bon ; vôtre ennuy m'eſt ſenſible,
Et pour vous en tirer ie ferois mon poſſible.
Mais,que puis-je apres tout ? ie vois fort peut de iour
A tourner cette affaire au gré de voſtre amour.

ASCAGNE.

Si rien ne peut m'aider, il faut donc que ie meure.

FROSINE.

Ha ! pour cela tousiours il est assez bonne heure ;
La mort est vn remede à trouuer quand on veut,
Et l'on s'en doit seruir le plus tard que l'on peut.

ASCAGNE.

Non, non, Frosine, non ; si vos conseils propices
Ne conduisent mon sort parmy ces precipices,
Ie m'abandonne toute aux traits du desespoir.

FROSINE.

Sçauez-vous ma pensée ? il faut que i'aille voir
La..... mais Eraste vient qui pourroit nous distraire,
Nous pourrons en marchant parler de cette affaire ;
Allons, retirons-nous.

SCENE II.

ERASTE, GROS-RENE'.

ERASTE.

ENcore rebuté ?

GROS-RENE'.

Iamais Ambassadeur ne fut moins écouté :
A peine ay-je voulu luy porter la nouuelle
Du moment d'entretien que vous souhaittiez d'elle,
Qu'elle m'a répondu, tenant son quant-à-moy,
Va, va ; ie fais état de luy, comme de toy :

Dy-luy qu'il se promene ; & sur ce beau langage,
Pour suiure son chemin m'a tourné le visage :
Et Marinette aussi, d'vn dédaigneu museau,
Lâchant vn, laisse-nous, beau valet de carreau,
M'a planté là comme elle, & mon sort & le vostre
N'ont rien à se pouuoir reprocher l'vn à l'autre.

ERASTE.

L'ingrate ! receuoir auec tant de fierté
Le prompt retour d'vn cœur iustement emporté !
Quoy ! le premier transport d'vn amour qu'on abuse
Sous tant de vray-semblance est indigne d'excuse ?
Et ma plus viue ardeur en ce moment fatal
Deuoit estre insensible au bon-heur d'vn riual ;
Tout autre n'eust pas fait mesme chose en ma place,
Et se fut moins laissé surprendre à tant d'audace ;
De mes iustes soupçons suis-je sorty trop tard ?
Ie n'ay point attendu de serment de sa part ;
Et, lors que tout le monde encor ne sçait qu'en croire,
Ce cœur impatient luy rend toute sa gloire,
Il cherche à s'excuser, & le sien voit si peu
Dans ce profond respect la grandeur de mon feu :
Loin d'assurer vne ame, & luy fournir des armes,
Contre ce qu'vn riual luy veut donner d'alarmes,
L'ingrate m'abandonne à mon jaloux transport,
Et rejette de moy, message, écrit, abord.
Ha ! sans doute vn amour a peu de violence,
Et ce dépit si prompt à s'armer de rigueur
Descouure assez pour moy tout le fond de son cœur,
Et de quel prix doit estre à present à mon ame
Tout ce dont son caprice a pû flater ma flame.
Non ie ne pretens plus demeurer engagé
Pour vn cœur, où ie voy le peu de part que i'ay ;
Et, puisque l'on témoigne vne froideur extréme
A conseruer les gens, ie veux faire de mesme.

GROS-RENE'.

Et moy de mesme aussi : soyons tous deux fâchez,
Et mettons nostre amour au rang des vieux pechez :
Il faut apprendre à viure à ce sexe volage,
Et luy faire sentir que l'on a du courage.
Qui souffre ses mespris les veut bien receuoir.
Si nous auions l'esprit de nous faire valoir,
Les femmes n'auroient pas la parole si haute.
O ! qu'elles nous sont bien fieres par nostre faute !
Ie veux estre pendu, si nous ne les verrions
Sauter à nostre coû plus que nous ne voudrions,
Sans tous ces vils deuoirs, dont la pluspart des hommes
Les gâtent tous les jours dans le siecle où nous sommes.

ERASTE.

Pour moy, sur toute chose, vn mépris me surprend ;
Et, pour punir le sien par vn autre aussi grand,
Ie veux mettre en mon cœur vne nouuelle flame.

GROS-RENE'.

Et moy, ie ne veux plus m'embarasser de femme ;
A toutes ie renonce, & crois en bonne foy,
Que vous feriez fort bien de faire comme moy.
Car, voyez-vous ? la femme est, comme on dit, mon maistre,
Vn certain animal difficile à connoistre,
Et de qui la nature est fort encline au mal :
Et comme vn animal est tousiours animal,
Et ne sera jamais qu'animal quand sa vie
Dureroit cent mil ans ; aussi, sans repartie,
La femme est tousiours femme, & jamais ne sera
Que femme, tant qu'entier le monde durera.
D'où vient qu'vn certain Grec dit, que sa teste passe
Pour vn sable mouuant : car, gouttez bien, de grace,

Ce raisonnement-cy, lequel est des plus forts :
Ainsi que la teste est comme le chef du corps,
Et que le corps sans chef est pire qu'vne beste ;
Si le chef n'est pas bien d'accord auec la teste,
Que tout ne soit pas bien reglé par le compas,
Nous voyons arriuer de certains embarras ;
La partie brutale alors veut prendre empire
Dessus la sensitiue, & l'on voit que l'on tire
A dia, l'autre à hurhaut ; l'vn demande du moû,
L'autre du dur ; enfin tout va sans sçauoir où :
Pour montrer qu'icy bas, ainsi qu'on l'interprete,
La teste d'vne femme est comme la giroüette
Au haut d'vne maison, qui tourne au premier vent.
C'est pourquoy le cousin Aristote souuent
La compare à la mer ; d'où vient qu'on dit qu'au monde
On ne peut rien trouuer de si stable que l'onde.
Or, par comparaison ; car la comparaison
Nous fait distinctement comprendre vne raison ;
Et nous aymons bien mieux, nous autres gens d'étude,
Vne comparaison qu'vne similitude.
Par comparaison donc, mon maistre, s'il vous plaist,
Comme on voit que la mer, quand l'orage s'accroist,
Vient à se courroucer, le vent souffle, & rauage,
Les flots contre les flots font vn remu-menage
Horrible, & le vaisseau, malgré le Nautonier,
Va tantost à la caue, & tantost au grenier ;
Ainsi, quand vne femme a sa teste fantasque,
On voit vne tempeste en forme de bourasque,
Qui veut competiter par de certains.... propos ;
Et lors vn.... certain vent, qui par... de certains flots
De... certaine façon, ainsi qu'vn banc de sable....
Quand... les femmes enfin ne valent pas le diable.

ERASTE.

C'est fort bien raisonner.

GROS-RENE'.

Assez bien, Dieu mercy :
Mais ie les voy, Monsieur, qui passent par icy.
Tenez-vous ferme au moins.

ERASTE.

Ne te mets pas en peine.

GROS-RENE'.

I'ay bien peur que ses yeux resserrent vostre chaisne.

SCENE III.

ERASTE, LVCILE, MARINETTE, GROS-RENE'.

MARINETTE.

Ie l'appercois encor; mais ne vous rendez point.

LVCILE.

Ne me soupçonne pas d'estre foible à ce point.

MARINETTE.

Il vient à nous.

ERASTE.

Non, non; ne croyez pas, Madame,
Que ie reuienne encor vous parler de ma flame;
C'en est fait; ie me veux guerir, & connois bien
Ce que de vostre cœur a possedé le mien.
Vn courroux si constant pour l'ombre d'vne offence
M'a trop bien éclairé de vostre indifference,
Et ie dois vous monstrer que les traits du mépris

Sont sensibles sur tout aux genereux esprits.
Ie l'auoüeray, mes yeux obseruoient dans les vôtres
Des charmes qu'ils n'ont point trouuez dans tous les
autres,
Et le rauissement où i'estois de mes fers
Les auroit preferez à des sceptres offerts :
Ouy, mon amour pour vous sans doute estoit extre-
me,
Ie viuois tout en vous ; &, ie l'auoüeray mesme,
Peut-estre qu'apres tout i'auray, quoy qu'outragé,
Assez de peine encore à m'en voir dégagé :
Possible, que malgré la cure qu'elle essaye,
Mon ame seignera long-temps de cette playe,
Et qu'affranchy d'vn joug qui faisoit tout mon bien,
Il faudra se resoudre à n'aymer jamais rien.
Mais, enfin, il n'importe ; & puisque vostre haine
Chasse vn cœur tant de fois que l'amour vous ra-
meine,
C'est la derniere icy des importunitez
Que vous aurez jamais de mes vœux rebutez.

LVCILE.

Vous pouuez faire aux miens la grace toute entiere,
Monsieur,& m'épargner encore cette derniere.

ERASTE.

Hé-bien,Madame,hé bien, ils seront satisfaits :
Ie romps auecque vous, & i'y romps pour jamais,
Puisque vous le voulez ; que ie perde la vie
Lors que de vous parler ie reprendray l'enuie.

LVCILE.

Tant mieux c'est m'obliger.

ERASTE.

Non,non ; n'ayez pas peur,
Que ie fausse parole, eussay-je vn foible cœur
Iusques à n'en pouuoir effacer vostre image,

Croyez que vous n'aurez jamais cét auantage,
De me voir reuenir.

LVCILE.

Ce seroit bien en vain.

ERASTE.

Moy-mesme, de cent coups ie percerois mon sein,
Si i'auois jamais fait cette bassesse insigne,
De vous reuoir, apres ce traitement indigne.

LVCILE.

Soit ; n'en parlons donc plus.

ERASTE.

Ouy, ouy ; n'en parlons plus :
Et, pour trancher icy tous propos superflus,
Et vous donner, ingrate, vne preuue certaine,
Que ie veux sans retour sortir de vostre chaisne,
Ie ne veux rien garder, qui puisse retracer
Ce que de mon esprit il me faut effacer.
Voicy vostre portrait, il presente à la veuë
Cent charmes merueilleux dont vous estes pourueuë,
Mais il cache sous eux cent deffauts aussi grans,
Et c'est vn imposteur enfin que ie vous rens.

GROS-RENE'.

Bon.

LVCILE.

Et moy, pour vous suiure au dessein de tout rendre,
Voila le diamant que vous m'auiez fait prendre.

MARINETTE.

Fort bien.

ERASTE.

Il est à vous encor ce bracelet.

LVCILE.

Et cette Agathe à vous qu'on fit mettre en cachet.

ERASTE *lit.*

Vous m'aymez d'vne amour extreme,

Eraste ; & de mon cœur voulez estre éclaircy :
Si ie n'ayme Eraste de mesme,
Au moins, aymay-je fort qu'Eraste m'ayme ainsi.

LVCILE.

ERASTE *continue.*

Vous m'assuriez par là d'agréer mon seruice ?
C'est vne fausseté digne de ce supplice.

LVCILE *lit.*

I'ignore le destin de mon amour ardente,
Et iusqu'à quand ie souffriray :
Mais ie sçays, ô beauté charmante !
Que tousiours ie vous aymeray.

ERASTE.

Elle continue.

Voila qui m'asseuroit à jamais de vos feux ?
Et la main & la lettre, ont menty toutes deux.

GROS-RENE'.

Poussez.

ERASTE.

Est-elle de vous ? suffit ; mesme fortune.

MARINETTE.

Ferme.

LVCILE.

I'aurois regret d'en épargner aucune.

GROS RENE'.

N'ayez pas le dernier.

MARINETTE.

Tenez-bon iusqu'au bout.

LVCILE.

Enfin, voila le reste.

ERASTE.

Et, grace au Ciel, c'est tout.
Que sois-je extermine si ie ne tiens parole.

LVCILE.

Me confonde le Ciel si la mienne est friuole.

ERASTE.

Adieu donc.

LVCILE.

Adieu donc.

MARINETTE.

Voila qui va des mieux.

GROS RENE'.

Vous triomphez.

MARINETTE.

Allons, ostez-vous de ses yeux.

GROS-RENE'.

Retirez- vous, apres cet effort de courage.

MARINETTE.

Qu'attendez-vous encor ?

GROS RENE'.

Que faut-il d'auantage ?

ERASTE.

Ha ! Lucile ,Lucile, vn cœur comme le mien
Se fera regretter, & ie le sçay fort bien.

LVCILE.

Eraste,Eraste,vn cœur fait comme est le vostre
Se peut facilement reparer par vn autre.

ERASTE.

N[illegible], cherchez par tout,vous n'en aurez jamais
[illegible] si passionné pour vous, ie vous promets.
Ie ne dis pas cela pour vous rendre attendrie ;
I'aurois tort d'en former encore quelque enuie,
Mes plus ardens respects n'ont pû vous obliger,
Vous auez voulu rompre ; il n'y faut plus songer :
Mais personne apres moy,quoy qu'on vous fasse entendre,
N'aura jamais pour vous de passion si tendre.

LVCILE.

Quand on ayme les gens, on les traite autrement;
On fait de leur personne vn meilleur iugement.

ERASTE.

Quand on ayme les gens, on peut de ialousie,
Sur beaucoup d'apparence, auoir l'ame saisie:
Mais alors qu'on les ayme, on ne peut en effet
Se resoudre à les perdre, & vous vous l'auez fait.

LVCILE.

La pure ialousie est plus respectueuse.

ERASTE.

On voit d'vn œil plus doux vne offence amoureuse.

LVCILE.

Non vostre cœur Eraste estoit mal enflammé.

ERASTE.

Non, Lucile, iamais vous ne m'auez aymé.

LVCILE.

Eh! ie croy que cela foiblement vous soucie:
Peut-estre en seroit-il beaucoup mieux pour ma vie,
Si ie.... mais laissons-là ces discours superflus:
Ie ne dis point quels sont mes pensers là dessus.

ERASTE.

Pourquoy?

LVCILE.

Par la raison que nous rompons emsemble,
Et que cela n'est plus de saison ce me semble.

ERASTE.

Nous rompons?

LVCILE.

Ouy vrayement, quoy n'en est-ce pas fait.

ERASTE.

Et vous voyez cela d'vn esprit satisfait.

LVCILE.

Comme vous.

ERASTE.

Comme moy.

LVCILE.

Sans doute c'eſt foibleſſe,
De faire voir aux gens que leur perte nous bleſſe.

ERASTE.

Mais cruelle c'eſt vous qui l'auez bien voulu.

LVCILE.

Moy point du tout c'eſt vous qui l'auez reſolu.

ERASTE.

Moy, ie vous ay creu là faire vn plaiſir extreme.

LVCILE.

Point vous auez voulu vous contenter vous meſme.

ERASTE.

Mais ſi mon cœur encore reuouloit ſa priſon :
Si tout faſché qu'il eſt il demandoit pardon.

LVCILE.

Non, non, n'en faites rien ma foibleſſe eſt trop grande,
I'aurois peur d'accorder trop toſt voſtre demande.

ERASTE.

Ha! vous ne pouuez pas trop toſt me l'accorder,
Ny moy ſur cette peur trop toſt le demander;
Conſentez-y Madame, vn flame ſi belle;
Doit pour voſtre intereſt demeurer immortelle.
Ie le demande enfin : me l'accorderez-vous
Ce pardon obligeant ?

LVCILE.

Remenez-moy chez nous.

SCENE IV.

MARINETTE, GROS-RENE'.

MARINETTE.

O! La lâche perſonne!

GROS-RENE'.

Ha! le foible courage!

MARINETTE.

I'en rougis de dépit.

GROS-RENE'.

I'en ſuis gonflé de rage:
Ne t'imagine pas que ie me rende ainſi.

MARINETTE.

Et ne penſe pas, toy, trouuer ta dupe auſſi.

GROS-RENE'.

Vien, vien, frotter ton nez auprés de ma colere.

MARINETTE.

Tu nous prens pour vn autre; & tu n'as pas affaire
A ma ſotte maiſtreſſe. Ardez le beau muſeau!
Pour nous donner enuie encore de ſa peau:
Moy, i'aurois de l'amour pour ta chienne de face!
Moy, ie te chercherois! ma foy, l'on t'en fricaſſe
Des filles comme nous.

GROS-RENE'.

Ouy? tu le prens par là?
Tien, tien, ſans y chercher tant de façons, voila
Ton beau galand de neige, auec ta nompareille:
Il n'aura plus l'honneur d'eſtre ſur mon oreille.

MARINETTE.

Et toy, pour te monſtrer que tu m'es à mépris:

Voila ton demy-cent d'épingles de Paris,
Que tu me donnas hier auec tant de fanfarre.

GROS-RENE'.

Tiens encor ton coûteau; la piece est riche & rare:
Il te coûta six blancs lors que tu m'en fis don.

MARINETTE.

Tien tes ciseaux, auec ta chaisne de leton.

GROS-RENE'.

I'oubliois d'auant-hier ton morceau de fromage;
Tien: ie voudrois pouuoir rejetter le potage
Que tu me fis manger, pour n'auoir rien à toy.

MARINETTE.

Ie n'ay point maintenant de tes lettres sur moy;
Mais i'en feray du feu iusques à la derniere.

GROS-RENE'.

Et des tiennes tu sçais ce que i'en sçauray faire?

MARINETTE.

Prend garde à ne venir jamais me reprier.

GROS-RENE'.

Pour couper tout chemin à nous rapatrier,
Il faut rompre la paille: Vne paille rompuë
Rend, entre gens d'honneur, vne affaire concluë,
Ne fay point les doux yeux; ie veux estre fâché.

MARINETTE.

Ne me lorgne point, toy; i'ay l'esprit trop touché.

GROS RENE'.

Romps; voila le moyen de ne s'en point dédire:
Romps; tu ris, bonne beste!

MARINETTE.

Oüy, car tu me fais rire.

GROS-RENE'.

La peste soit ton ris; voila tout mon courroux
Déjà dulcifié: qu'en dis-tu? romprons-nous?
Ou ne romprons-nous pas?

MARINETTE.

Voy.

GROS-RENE'.

Voy toy.

MARINETTE.

Voy toy-mesme.

GROS-RENE'.

Est-ce que tu consens que jamais ie ne t'ayme ?

MARINETTE.

Moy ? ce que tu voudras,

GROS-RENE'.

Ce que tu voudras, toy.

Dy…

MARINETTE.

Ie ne diray rien.

GROS-RENE'.

Ny moy non plus.

MARINETTE.

Ny moy.

GROS-RENE'.

Ma foy, nous ferons mieux de quitter la grimace ;
Touche, ie te pardonne.

MARINETTE.

Et moy ie te fais grace.

GROS-RENE'.

Mon Dieu ! qu'à tes appas ie suis acoquiné !

MARINETTE.

Que Marinette est sotte apres son Gros-René !

Fin du quatriéme Acte.

ACTE V.

SCENE PREMIERE.

MASCARILLE.

DEz que l'obſcurité regnera dans la ville,
Ie me veux introduire au logis de Lucile :
Va viſte de ce pas preparer pour tantoſt,
Et la lenterne ſourdre,& les armes qu'il faut.
Quand il ma dit ces mots, il m'a ſemblé d'entendre,
Va viſtement chercher vn licou pour te pendre.
Venez-ça, mon patron ; car dans l'étonnement
Où m'a jetté d'abord vn tel commandement,
Ie n'ay pas eu le temps de vous pouuoir répondre ;
Mais ie vous veux icy parler, & vous confondre :
Deffendez vous donc bien, & raiſonnons ſans bruit.
Vous voulez, dites-vous, aller voir cette nuit
Lucile ? ouy, Maſcarille. Et que penſez-vous faire ?
Vne action d'amant qui ſe veut ſatisfaire,
Vne action d'vn homme à fort petit cerueau,
Que d'aller ſan beſoin riſquer ainſi ſa peau ;
Mais tu ſçais quel motif à ce deſſein m'appelle :
Lucile eſt irritée. Et bien, tant pis pour elle,
Mais l'amour veut que i'aille appaiſer ſon eſprit.
Mais l'amour eſt vn ſot qui ne ſçait ce qu'il dit :

Nous garantira-t'il cét amour, ie vous prie,
D'vn riual,ou d'vn pere, ou d'vn frere en furie?
Penses-tu qu'aucun d'eux songe à nous faire mal?
Ouy vrayement, ie le pense; & sur tout, ce riual.
Mascarille, en tout cas, l'espoir où ie me fonde,
Nous irons bien armez, & si quelqu'vn nous gronde,
Nous nous chamaillerons. Ouy, voila iustement
Ce que vostre valet ne pretend nullement:
Moy chamailler! bon Dieu! suis-je vn Roland? mon
Maistre,
Ou quelque ferragû? c'est for mal me connoistre,
Quand ie viens à songer, moy qui me suis si cher,
Qu'il ne faut que deux doigts d'vn miserable fer
Dans le corps, pour vous mettre vn humain dans la
biere,
Ie suis scandalisé d'vne étrange maniere.
Mais tu seras armé de pied-en-cap. Tant pis;
I'en seray moin leger à gaigner le taillis:
Et de plus, il n'est point d'armure si bien jointe,
Où ne puisse glisser vne vilaine pointe.
Oh! tu seras ainsi tenu pour vn poltron.
Soit; pourueu que tousiours ie bransle le menton:
A table contez-moy, si vous voulez pour quatre;
Mais contez-moy pour rien, s'il s'agit de se battre:
Enfin, si l'autre monde a des charmes pour vous,
Pour moy, ie trouue l'air de celuy-cy fort doux:
Ie n'ay pas grande faim de mort ny de blessure,
Et vous ferez le sot tout seul, ie vous asseure.

SCENE II.

VALERE, MASCARILLE.

VALERE.

IE n'ay jamais trouué de iour plus ennuyeux:
Le soleil semble s'estre oublié dans les Cieux,
Et iusqu'au lit qui doit receuoir sa lumiere,
Ie voy rester encore vne telle carriere,
Que ie croy que jamais il ne l'acheuera,
Et que de sa lenteur mon ame enragera.

MASCARILLE.

Et cét empressement pour s'en aller dans l'ombre,
Pescher viste à tastons quelque sinistre encombre....
Vous voyez que Lucile entiere en ses rebuts....

VALERE.

Ne me fay point icy de contes superflus.
Quand i'y deurois trouuer cent embûches mortelles,
Ie sens de son courroux des gesnes trop cruelles;
Et ie veux l'adoucir, ou terminer mon sort.
C'est vn point resolu.

MASCARILLE.

I'approuue ce transport:
Mais le mal est, Monsieur, qu'il faudra s'introduire
En cachette.

VALERE.

Fort bien.

MASCARILLE.

Et i'ay peur de vous nuire.

VALERE.

Et comment ?

MASCARILLE.

Vne toux me tourmente à mourir,
Dont le bruit importun vous fera descouurir :
De moment en moment.... Vous voyez le supplice.

VALERE.

Ce mal te passera pren du jus de reglice.

MASCARILLE.

Ie ne croy pas, Monsieur, qu'il se veüille passer.
Ie serois rauy moy de ne vous point laisser ;
Mais i'aurois vn regret mortel, si i'estois cause
Qu'il fut à mon cher maistre arriué quelque chose.

SCENE III.

VALERE, LA RAPIERE, MASCARILLE.

LA RAPIERE.

MOnsieur, de bonne part ie viens d'estre informé,
Qu'Eraste est contre vous fortement animé ;
Et qu'Albert parle aussi de faire pour sa fille
Roüer jambes & bras à vostre Mascarille.

MASCARILLE.

Moy, ie ne suis pour rien dans tout cét embarras.
Qu'ay-je fait ? pour me voir roüer jambes & bras ?
Suis-je donc gardien, pour employer ce stile,
De la Virginité des filles de la ville ?

Sur la tentation ay-je quelque credit ?
Et puis-je mais, chetif, si le cœur leur en dit.

VALERE.

O ! qu'il ne seront pas si meschans qu'ils le disent !
Et quelque belle ardeur que ses feux luy produisent,
Eraste n'aura pas si bon marché de nous.

LA RAPIERE.

S'il vous faisoit besoin, mon bras est tout à vous.
Vous sçauez de tout temps que ie suis vn bon frere.

VALERE.

Ie vous suis obligé, Monsieur de la Rapiere.

LA RAPIERE.

I'ay deux amys aussi que ie vous puis donner,
Qui contre tous venans sont gens à dégainer,
Et sur qui vous pourrez prendre toute asseurance.

MASCARILLE.

Acceptez-les, Monsieur.

VALERE.

C'est trop de complaisance.

LA RAPIERE.

Le petit Gille encore eust pû nous assister,
Sans le triste accident qui vient de nous l'oster.
Monsieur, le grand dommage ! & l'homme de seruice
Vous auez sçeu le tour que luy fit la Iustice ?
Il mourut en Cesar, & luy cassant les os
Le bourreau ne luy pût faire lâcher deux mots.

VALERE.

Monsieur de la Rapiere, vn homme de la sorte
Doit estre regretté ; mais, quant à vostre escorte,
Ie vous rend grace.

LA RAPIERE.

Soit ; mais soyez auerty
Qu'il vous cherche, & vous peut faire vn mauuais party.

VALERE.

Et moy, pour vous montrer combien ie l'apprehende:
Ie luy veux, s'il me cherche, offrir ce qu'il demande:
Et par toute la ville aller presentement,
Sans estre accompagné que de luy seulement.

MASCARILLE.

Quoy! Monsieur, vous voulez tenter Dieu? quelle audace!
Las! vous voyez tous deux comme l'on nous menace,
Combien de tous costez....

VALERE.

Que regardes-tu là?

MASCARILLE.

C'est qu'il sent le baston du costé que voila.
Enfin, si maintenant ma prudence en est creuë,
Ne nous obstinons point à rester dans la ruë:
Allons nous renfermer.

VALERE.

Nous renfermer! faquin;
Tu m'oses proposer vn acte de coquin!
Sus, sans plus de discours, resous-toy de me suiure.

MASCARILLE.

Eh! Monsieur, mon cher Maistre, il est si doux de viure!
On ne meurt qu'vne fois, & c'est pour si long-temps!

VALERE.

Ie m'en vais t'assommer de coups, si ie t'entens.
Ascagne vient icy; laissons-le; il faut attendre
Quel party de luy-méme il resoudra de prendre.
Cependant auec moy vien prendre à la maison
Pour nous frotter.

MASCARILLE.

Ie n'ay nulle demangeaiſon.
Que maudit ſoit l'amour, & les filles maudites,
Qui veulent en tâter, puis font les chatemites.

SCENE IV.

ASCAGNE, FROSINE.

ASCAGNE.

EST il bien vray, Froſine ? & ne reſuay-je point ?
De grace, contez-moy bien tout de point en point.

FROSINE.

Vous en ſçaurez aſſez le détail ; laiſſez faire :
Ces ſortes d'incidens ne ſont pour l'ordinaire
Que redits trop de fois de moment en moment.
Suffit que vous ſçachiez, qu'apres ce teſtament
Qui vouloit vn garçon pour tenir ſa promeſſe,
De la femme d'Albert la derniere groſſeſſe
N'accoucha que de vous, & que luy deſſous main
Ayant depuis long-temps concerté ſon deſſein,
Fit ſon fils de celuy d'Ignes la bouquetiere.
Qui vous donna pour ſienne à nourrir à ma mere.
La mort ayant rauy ce petit innocent
Quelque dix mois apres, Albert eſtant abſent,
La crainte d'vn Epoux, & l'amour maternelle,
Firent l'euenement d'vne ruſe nouuelle.
Sa femme en ſecret lors ſe rendit ſon vray ſang ;

Vous deuintes celuy qui tenoit vostre rang,
Se couurir pour Albert de celle de sa fille.
Voila de vostre sort vn mystere éclaircy
Que vostre feinte mere a caché iusqu'icy.
Elle en dit des raisons, & peut en auoir d'autres,
Par qui ses interests n'estoient pas tous les vôtres.
Enfin cette visite où i'esperois si peu,
Plus qu'on ne pouuoit croire, a seruy vostre feu.
Cette Ignés vous relâche ; & par vostre autre affaire
L'éclat de son secret deuenu necessaire,
Nous en auons nous deux vostre pere informé :
Vn billet de sa femme a le tout confirmé,
Et poussant plus auant encore nostre pointe,
Quelque peu de fortune à nostre adresse jointe,
Aux interests d'Albert, de Polidore apres,
Nous auons ajusté si bien les interests,
Si doucement à luy déplié ces mysteres,
Pour n'effaroucher pas d'abord trop les affaires,
Enfin, pour dire tout, mené si prudemment
Son esprit pas à pas à l'acommodement,
Qu'autant que vostre pere il monstre de tendresse
A confirmer les nœuds qui font vostre allegresse.

ASCAGNE.

Ha ! Frosine, la joye où vous m'acheminez !...
Et que ne dois-je point à vos soins fortunez !

FROSINE.

Au reste, le bon homme est en humeur de rire,
Et pour son fils encor nous deffend de rien dire.

SCENE V.

ASCAGNE, FROSINE, POLIDORE.

POLIDORE.

APprochez-vous, ma fille, vn tel nom m'eſt permis ;
Et i'ay ſçû le ſecret que cachoient ces habits.
Vous auez fait vn trait, qui dans ſa hardieſſe
Fait briller tant d'eſprit & tant de gentileſſe,
Que ie vous en excuſe, & tiens mon fils heureux,
Quand il ſçaura l'objet de ſes ſoins amoureux.
Vous valez tout au monde ; & c'eſt moy qui l'aſſeure.
Mais le voicy ; prenons plaiſir de l'auanture.
Allez faire venir tous vos gens promptement.

ASCAGNE.

Vous obeïr ſera mon premier compliment.

SCENE VI.

MASCARILLE, POLIDORE, VALERE.

MASCARILLE.

Les disgraces souuent sont du Ciel reuelées :
I'ay songé cette nuit de perles défilées,
Et d'œufs cassez, Monsieur, vn tel songe m'abbat.

VALERE.

Chien de poltron !

POLIDORE.

Valere, il s'appreste vn combat,
Où toute ta valeur te sera necessaire.
Tu vas auoir en teste vn puissant aduersaire.

MASCARILLE.

Et personne, Monsieur, qui se veüille bouger
Pour retenir des gens qui se vont égorger !
Pour moy ie le veux bien ; mais, au moins, s'il arriue
Qu'vn funeste accident de vostre fils vous priue,
Ne m'en accusez point.

POLIDORE.

Non, non ; en cét endroit
Ie le pousse moy-mesme à faire ce qu'il doit.

MASCARILLE.

Pere dénaturé !

VALERE.

Ce sentiment, mon pere,
Est d'vn homme de cœur ; & ie vous en reuere.
I'ay deu vous offenser, & ie suis criminel

D'auoir fait tout cecy sans l'aueu paternel ;
Mais, à quelque dépit que ma faute vous porte,
La nature toûjours se montre la plus forte,
Et vostre honneur fait bien, quand il ne veut pas voir
Que le transport d'Eraste ait dequoy m'émouuoir.

POLIDORE.

On me faisoit tantost redouter sa menace ;
Mais les choses depuis ont bien changé de face ;
Et, sans le pouuoir fuir, d'vn ennemy plus fort
Tu vas estre attaqué.

MASCARILLE.

Point de moyen d'accord ?

VALERE.

Moy ! le fuir ! Dieu m'en garde. Et qui donc pourroit-ce estre ?

POLIDORE.

Ascagne.

VALERE.

Ascagne ?

POLIDORE.

Ouy ; tu le vas voir paroistre.

VALERE.

Luy, qui de me seruir m'auoit donné sa foy !

POLIDORE.

Ouy, c'est luy qui pretend auoir affaire à toy ;
Et qui veut dans le champ où l'honneur vous appelle,
Qu'vn combat seul à seul vuide vôtre querelle.

MASCARILLE.

C'est vn braue homme ; Il sçait que les cœurs genereux
Ne mettent point les gens en compromis pour eux.

POLIDORE.

Enfin d'vne imposture ils te rendent coupable,

Dont le ressentiment m'a paru raisonnable ;
Si bien qu'Albert & moy sommes tombez d'accord,
Que tu satisferois Ascagne sur ce tort.
Mais aux yeux d'vn chacun, & sans nulles remi-
ses,
Dans les formalitez en pareil cas requises.

VALERE.

Et Lucile, mon pere, a d'vn cœur endurcy !.....

POLIDORE.

Lucile espouse Eraste, & te condamne aussi :
Et, pour conuaincre mieux tes discours d'iniustice,
Veut qu'à tes propres yeux cét hymen s'accomplisse.

VALERE.

Ha ! c'est vne imprudence à me mettre en fureur :
Elle a donc perdu sens, foy, conscience, honneur ?

SCENE VII.

MASCARILLE, LVCILE, ERASTE, POLIDORE, ALBERT, VALERE.

ALBERT.

HE'-bien ? les combattans ? on ameine le nôtre.
Auez-vous disposé le courage du vôtre ?

VALERE.

Ouy, ouy ; me voila prest, puis qu'on m'y veut forcer;
Et, si i'ay pû trouuer sujet de balancer,
Vn reste de respect en pouuoit estre cause,
Et non pas la valeur du bras que l'on m'oppose.
Mais c'est trop me pousser, ce respect est à bout ;
A toute extremité mon esprit se resout
Et l'on fait voir vn trait de perfidie étrange,
Dont il faut hautement que mon amour se vangé.
Non pas que cét amour pretende encore à vous ;
Tout son feu se resout en ardeur de courroux,
Et quand i'auray rendu vostre honte publique,
Vostre coupable hymen n'aura rien qui me pique.
Allez, ce procedé, Lucile, est odieux :
A peine en puis-je croire au rapport de mes yeux ;
C'est de toute pudeur se montrer ennemie :
Et vous deuriez mourir d'vne telle infamie.

LVCILE.

Vn semblable discours me pourroit affliger,
Si ie n'auois en main qui m'en sçaura vanger.
Voicy venir Ascagne, il aura l'auantage
De vous faire changer bien viste de langage,
Et sans beaucoup d'effort.

SCENE VIII.

MASCARILLE, LVCILE, ERASTE, ALBERT, VALERE, GROS-RENE', MARINETTE, ASCAGNE, FROSINE, POLIDORE.

VALERE.

Il ne le fera pas,
Quand il joindroit au sien encore vingt autres bras
Ie le plains de deffendre vne sœur criminelle :
Mais, puisque son erreur me veut faire querelle,
Nous le satisferons, & vous, mon braue, aussi

ERASTE.

Ie prenois interest tantost à tout cecy ;
Mais enfin, comme Ascagne a pris sur luy l'affaire,
Ie ne veux plus en prendre, & je le laisse faire.

VALERE.

C'est bien fait : la prudence est toûjours de saison :
Mais....

ERASTE.

Il sçaura pour tous vous mettre à la raison.

VALERE.

Luy ?

POLIDORE.

Ne t'y trompe pas : tu ne sçais pas encore
Quel estrange garçon est Ascagne.

ALBERT.

Il l'ignore :

Mais il pourra dans peu le luy faire sçauoir.

VALERE.

Sus donc que maintenant il me le fasse voir.

MARINETTE.

Aux yeux de tous ?

GROS-RENE'.

Cela ne seroit pas honneste.

VALERE.

Se moque-t'on de moy ? ie casseray la teste
A quelqu'vn des rieurs. Enfin, voyons l'effet.

ASCAGNE.

Non,non,ie ne suis pas si meschant qu'on me fait :
Et, dans cette auanture où chacun m'interesse,
Vous allez voir plutost éclatter ma foiblesse,
Connoistre que le Ciel qui dispose de nous
Ne me fit pas vn cœur pour tenir contre vous,
Et qu'il vous reseruoit pour victoire facile,
De finir le destin du frere de Lucile.
Ouy, bien loin de vanter le pouuoir de mon bras,
Ascagne va par vous receuoir le trépas :
Mais il veut bien mourir, si sa mort necessaire
Peut auoir maintenant dequoy vous satisfaire,
En vous donnant pour femme en presence de tous
Celle qui iustement ne peut estre qu'à vous.

VALERE.

Non, quand toute la terre apres sa perfidie,
Et les traits effrontez...

ASCAGNE.

Ha ! souffrez que ie die,
Valere, que le cœur qui vous est engagé
D'aucun crime enuers vous ne peut estre chargé :
Sa flamme est toûjours pure, & sa constance extreme;
Et i'en prens à témoin vostre pere luy mesme.

POLIDORE.

Ouy, mon fils, c'eſt aſſez rire de ta fureur,
Et ie voy qu'il eſt temps de te tirer d'erreur.
Celle à qui par ferment ton ame eſt attachée,
Sous l'habit que tu vois à tes yeux eſt cachée;
Vn intereſt de bien dés ſes plus jeunes ans
Fit ce déguiſement qui trompe tant de gens;
Et depuis peu l'amour en a ſçû faire vn autre,
Qui t'abuſa joignant leur famille à la noſtre.
Ne va point regarder à tout le monde aux yeux,
Ie te fais maintenant vn diſcours ſerieux:
Ouy, c'eſt elle, en vn mot, dont l'adreſſe ſubtile
La nuit receut ta foy ſous le nom de Lucile,
Et qui par ce reſſort qu'on ne comprenoit pas,
A ſemé parmy vous vn ſi grand embarras.
Mais puiſqu'Aſcagne icy fait place à Dorothée,
Il faut voir de vos feux toute impoſture oſtée,
Et qu'vn nœud plus ſacré donne force au premier.

ALBERT.

Et c'eſt là iuſtement ce combat ſingulier,
Qui deuoit enuers nous reparer vôtre offenſe,
Et pour qui les Edits n'ont point fait de deffenſe.

POLIDORE.

Vn tel éuenement rend tes eſprits confus;
Mais en vain tu voudrois balancer là-deſſus.

VALERE.

Non, non; ie ne veux pas ſonger à m'en deffendre;
Et, ſi cette auanture a lieu de me ſurprendre,
La ſurpriſe me flatte, & ie me ſens ſaiſir
De merueille à la fois, d'amour, & de plaiſir,
Se peut-il que ces yeux?......

ALBERT.

Cét habit, cher Valere,
Souffre mal les diſcours que vous luy pourriez faire.

Allons luy faire en prendre vn autre ; & cependant
Vous sçaurez le détail de tout cét incident.

VALERE.

Vous, Lucile, pardon, si mon ame abusée....

LVCILE.

L'oubly de cette iniure est vne chose aisée.

ALBERT.

Allons, ce compliment se fera bien chez nous,
Et nous aurons loisir de nous en faire tous.

ERASTE.

Mais, vous ne songez pas en tenant ce langage,
Qu'il reste encore icy des sujets de carnage :
Voila bien à tous deux nostre amour couronné,
Mais de son Mascarille, & de mon Gros-René,
Par qui doit Marinette estre icy possedée ?
Il faut que par le sang l'affaire soit vuidée.

MASCARILLE.

Nenny, nenny, mon sang dans mon corps sied trop bien,
Qu'il l'espouse en repos, cela ne me fait rien.
De l'humeur que ie sçay la chere Marinette,
L'hymen ne ferme pas la porte à la fleurette.

MARINETTE.

Et tu crois que de toy ie ferois mon galand ?
Vn mary, passe encor ; tel qu'il est, on le prend ;
On n'y va pas chercher tant de ceremonie :
Mais il faut qu'vn galand soit fait à faire enuie.

GROS-RENE'.

Escoute, quand l'hymen aura joint nos deux peaux,
Ie pretends qu'on soit sourde à tous les Damoiseaux.

MASCARILLE.

Tu crois te marier pour toy tout seul, compere ?

GROS-RENE'.

Bien entendu, ie veux vne femme seuere :

Où ie feray beau bruit.

MASCARILLE.

Hé ! mon Dieu, tu feras
Comme les autres font : & tu t'adouciras.
Ces gens auant l'hymen si fâcheux & critiques
Degenerent souuent en maris pacifiques.

MARINETTE.

Va, va, petit mary : ne crain rien de ma foy :
Les douceurs ne feront que blanchir contre moy :
Et ie te diray tout.

MASCARILLE.

Oh ! las ! fine pratique !
Vn mary confident !.....

MARINETTE.

Taisez-vous, as de pique.

ALBERT.

Pour la troisiéme fois, allons-nous-en chez nous,
Poursuiure en liberté des entretiens si doux.

FIN.

EXTRAICT DV PRIVILEGE du Roy.

Par grace & Priuilege du Roy donné à Paris le dernier iour de May 1660. ſigné Le Ivge, Il eſt permis au ſieur **Moliere** de faire imprimer vne Piece de Theatre intitulée *Le Dépit Amoureux*, pendant l'eſpace de cinq années, à commencer du jour que ledit Liure ſera acheué d'imprimer : Et deffenſes ſont faites à tous autres de l'imprimer, à peine de ce qui eſt porté par leſdites Lettres.

Et ledit ſieur **Moliere** a cedé & tranſporté ſon droit de Priuilege à Claude Barbin & Gabriel Quinet Marchands Libraires à Paris, pour en jouïr le temps porté par iceluy.

Acheué [illegible] imer le 24. Nouëmbre 1662.

Regiſtre ſur le Liure de la Communauté le 27. Octobre 1662. Signé, DVBRAY, Scindic.

Les exemplaires ont eſté fournis.

www.ingramcontent.com/pod-product-compliance
Lightning Source LLC
LaVergne TN
LVHW012023220826
846092LV00001B/464

* 9 7 8 2 3 2 9 7 5 1 9 5 5 *